恩送りの法則

仕事で、人生で
幸福度を上げる考え方

若山陽一郎

アスコム

はじめに

受けた恩を誰かに送ると人生は輝く

仕事の帰り道、いつもより疲れを感じた日に乗った電車で、もしも知らない人から席をゆずられたら、あなたはどう感じますか？　実際に座る、座らないに関係なく、うれしいのではないでしょうか。

ところが、**席をゆずられた人よりも、ゆずった側のほうが3倍も長く「幸福感」を味わえるという研究データがあるのだそうです。**数年前、あるバラエティ番組を見ていたときに、出演されていた心理学者の先生が、そう解説していました。

誰かに親切にされるより、自分が誰かに親切な行為をしたときのほうが、より大きな幸福を感じるという心理。実は、僕にも思い当たる経験がいくつかあります。

例えば、狭い道を運転中に対向車が来たときは、僕は「お先にどうぞ」とゆずりますし、横断歩道を渡っていて、足元が心もとないお年寄りを見かけたときは、手荷物を持ってあげて渡り切るまで一緒に歩くようにしています。いずれのときも、確かにとても心地良くて、気分が高揚したことを覚えています。

僕がここで伝えたいのは、席をゆずった方も、ゆずられた方も、どちらも幸せを感じることができるということ。実は、その二つの幸せに気づくことが大切なのです。次は、恩を受けた側の視点で考えてみましょう。例えば、昨日の朝にこんなことがありませんでしたか？

ある朝に受けた恩

- ☑ 家族が朝ご飯を作ってくれた
- ☑ 近所の人からあいさつされた
- ☑ 駅のトイレがきれいだった
- ☑ 電車が時間通りに運行した
- ☑ 昨日頼んだ書類を部下が仕上げてくれた
- ☑ 上司にほめられた
- ☑ 新しい仕事の相談があった
- ☑ 休憩中にいつものカフェで飲んだコーヒーがおいしかった
- ☑ SNSで見知らぬ誰かにフォローされた
- ☑ 同僚からランチに誘われた
- ☑ 友人から連絡が入り、週末に遊ぶ約束をした心当たりはありませんか？　当たり前だと思っている何気ない日常の中でもいろんな人からお世話になり、与えてもらいながら生きていることに気づきますよね。そして、恩をしっかりと受け止めて心から感謝することが大事なのです。その感謝の気持ちがあふれ出たとき、他人にも良いことをしてあげたいと思う気持ちが芽生えます。これこそが、僕が伝えたい**「恩送り」**にほかなりません。

言葉こそ似ていますが、**「恩返し」と「恩送り」は、意味合いがまったく違います。**「恩返し」は、とてつもなく大きな恩恵を与えてくれた相手、例えば親や恩師などに報いること。わかりやすい「恩返し」の例を挙げるなら、

「お金持ちになって、苦労して育ててくれた両親に恩返しをしたい」
「プロになって活躍して、指導してくれたコーチに恩返しをするぞ」

などでしょうか。ただ、「恩返し」の場合、実際に恩を返せるようになるまでには、かなりの時間や努力が必要になることがほとんど。その点、**「恩送り」なら、その気**

恩のバトンリレーで
人も社会も幸福度が上がる

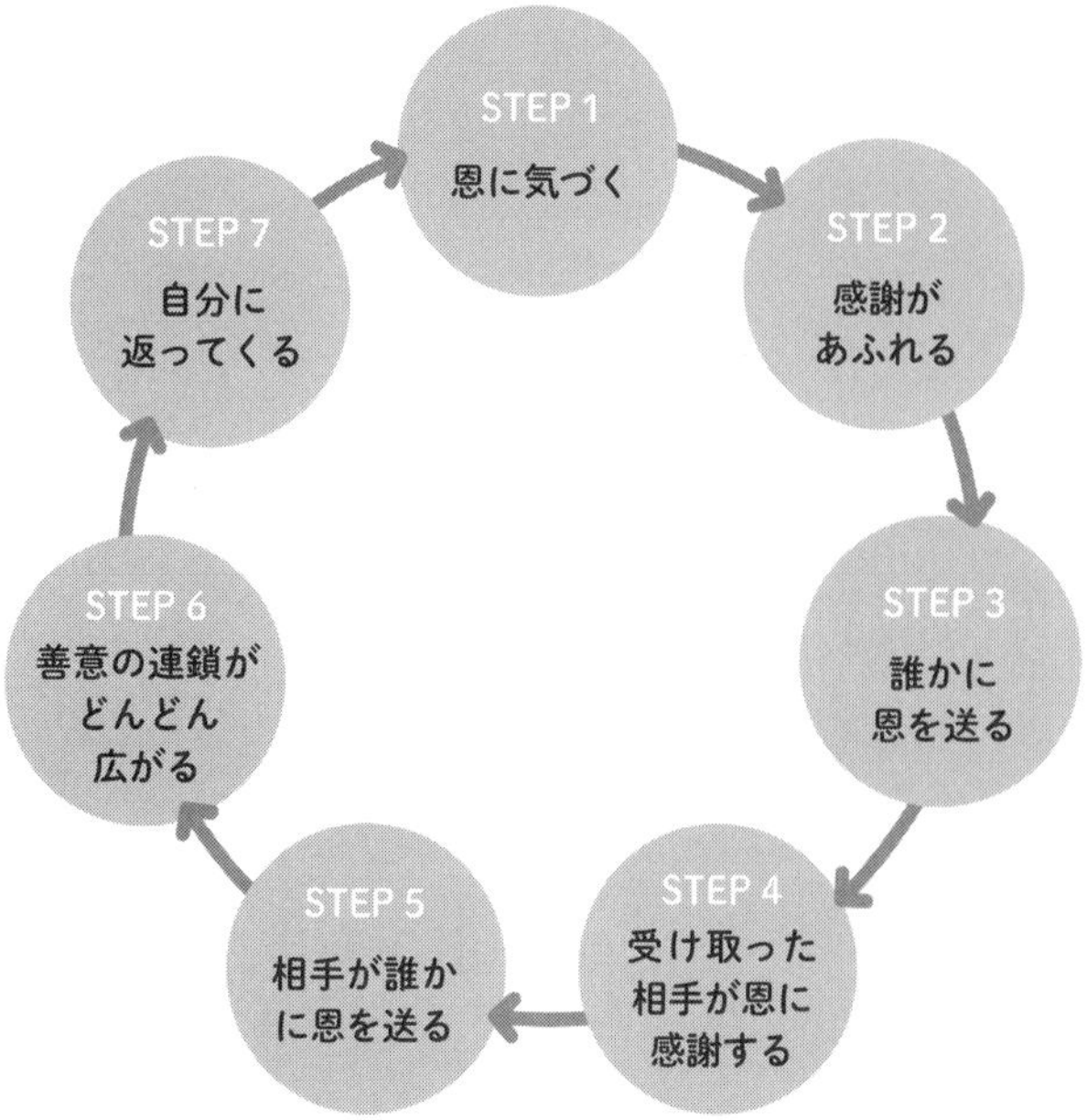
STEP 1
恩に気づく
STEP 2
感謝があふれる
STEP 3
誰かに恩を送る
STEP 4
受け取った相手が恩に感謝する
STEP 5
相手が誰かに恩を送る
STEP 6
善意の連鎖がどんどん広がる
STEP 7
自分に返ってくる

になった瞬間に実行できます。さらに「恩送り」は、人に喜んでもらう行為をすることで、むしろ自分のほうが幸福感を得られます。**「恩送り」は、すればするだけ自分も幸せをどんどん感じられるというメリットがあるのです。これこそが「恩送りの法則」です。**

そして、送った恩はこちらに返してくれなくていいから、また別の誰かに手渡してほしい。いわば**「恩のバトンリレー」**です。バトンを受け取った人は、また次の誰かに恩のバトンを渡す。そうやって次から次へとバトンをつなげば、恩送りの広がりは、もはや無限大です。そして、巡り巡っていつか自分に返ってくるのです。

「恩送りの法則」や「恩のバトンリレー」がいかに素晴らしいかは、科学的にもすでに証明済み。詳しくは本編で順次お伝えしていきますので、楽しみに読み進めていただけたらと思います。

ご挨拶が遅れました。愛知県で不用品回収やリサイクル事業を中心に活動しております「株式会社和愛グループ」の代表の若山 陽一郎と申します。

僕は、今から15年前に大きな借金をしたことをきっかけに、不用品回収業を始めました。この仕事を選んだのは、**「どん底から這い上がりたいのなら、人の嫌がること**

を仕事にしなさい」という、メンターの言葉に素直に従ったからです。

「人の嫌がる仕事」をすることに、いったいどんな意味があるのか。正直なところ、初めはまるでわかりませんでした。それでも、暑い日も寒い日も、ただひたすらに不用品の回収をがんばっていると、お客様が代金を支払ってくださる際に、必ず「ありがとう」「助かったよ」と感謝の言葉も一緒にかけてくれるようになったのです。

そうして、僕はわかったんです。自分がやっていることは、確かに嫌がられる仕事かもしれないけれど、世の中にとって絶対に不可欠な仕事でもあるのだと。そう気づいてからは、自分の仕事に誇りを持って向き合うようになりました。求めてくださるお客様に、もっと喜んでもらえるサービスを提供しよう。世の中のニーズにとことん応えようと、意欲的に取り組んできました。結果的に年間1万件の依頼をいただけるまでになり、愛知県でナンバーワンと評価される会社に成長できたのです。

さらに数年前からは、リサイクルショップやアンティーク家具の買い取り業など、新たなジャンルも展開。事業の拡張とともに僕自身も進化し続けています。

背水の陣で始めた不用品回収の仕事を通じて、これまでたくさんの人に助けてもらい、数え切れないほどの恩を受けた人生でした。**受けた恩を不用品回収やリサイクルという仕事の中で、別のどなたかに送り続けることができたのです。**またリユース事業では、誰かが人切にしていた家具や家電を廃棄せず、きれいに蘇らせた上で別の誰かの手に送り届けています。これもまた、僕ならではの「恩送り」の形なのです。

「恩送り」を15年間やってきて、僕が得られたものを紹介しましょう。

●人の役に立つ喜びを感じ、「幸福度」が上がった
●お金のありがたみや真価を知り、「金運」が上がった
●人の嫌がることを率先してやり続けたことで、自分に「自信」がついた
●社会に貢献していると周りに認められ、「信用」されるようになった

人生に肝心なこの四つのことを手にできたことで、充実した毎日を過ごせるようになりました。さらに、**家族、仲間、お客様など、あらゆる人間関係の悩みも「恩送りの精神」で解決してきました。**

恩送りは「信用貯金」と言い換えることもできます。この「信用貯金」は、自分がいつか困ったときや応援してほしいときに使えるもの。**信用貯金をすればするほど、トラブルに見舞われたときに、周りの人に守ってもらえます。**

本書では、僕がこれまでの人生で学んだ、あらゆる恩送りについてお伝えしますので、ぜひページを読み進めてください。僕からの恩送りのバトンを受け取った、あなたの明日が少しでも明るいものになればうれしいです。そして、そのバトンをぜひ次の誰かにつないでください。

第3章　恩送りはビジネスの基本

第4章　今日からでき、人生が豊かになる恩送り術

第5章　ダメな恩送りと良い恩送り

第6章　広がりを見せる恩送りサービス

第7章　恩送りで僕は人生を変えた

第8章　与えることで輝く若山流マネジメント術

第9章　恩送り幸福論

特別対談　心理学で考える恩送りの法則

第1章

なぜ今、恩送りなのか

恩送りによって手に入れた「幸福度」「金運」「自信」「信用」の四つの要素は、恩送りのバトンをつないできた結果です。あなたにもバトンをつないでいただくために、今の時代になぜ恩送りが必要なのかを具体的にお伝えします。

恩送りが現代社会を変えている

僕が15年間、「恩送り」を続けてきて、大きく変わったとお伝えしました。これは、僕だからというわけではありません。「恩送り」は、はるか昔の江戸時代(51ページ参照)から行われてきたのです。昔の人たちが、「恩送り」のメリットを知りながら行動されていたかは定かではありません。ですが、「お互いさま」「持ちつ持たれつ」などと言いながら、助け合って生きてこられたのではないでしょうか。

現代では、どうでしょうか。営利を目的としないNPOの活動や、被災地などでのボランティア活動、そして誰かの夢を寄付や出資で支えるクラウドファンディングなど、**「恩送り」に該当する活動が、混沌とした今の社会をより良い方向に導いているのは間違いないでしょう。**多くの人も、「恩送り」を求めています。なぜなら、**与**

えられるよりも、与える側のほうが、より幸福感を得られることに気づいているからです。与えることで、たとえ物質的なマイナスが生じたとしても、得るもののほうが圧倒的に大きい。つまり「恩送り」の数が増えるごとに、世の中の幸福度も高まっていくのです。

ヘルパーズハイという現象

ではなぜ恩送りのような行為が増えているのでしょうか。それは、単純に人に何かを与えることが気持ちいいからです。ここでは、**「ヘルパーズハイ」**という心理学用語について取り上げてみます。

ヘルパーズハイとは、「人に親切にすると、自分の幸福度が上がる」という現象のことを言います。人助けをすることで、自分も幸せを感じられるという点は、「恩送り」とも通じるものがありますね。**脳科学の世界では、人に親切にするという行為は、脳**

の報酬中枢が活性化し、その結果ドーパミンが大量に分泌されることが判明しているのだとか。つまり人に親切にすると、良い気分、すなわち「ハイ」になるのです。

ヘルパーズハイの効果を検証したデータを、アメリカの心理学者、アダム・グラントの著書『GIVE & TAKE「与える人」こそ成功する時代』(三笠書房)よりいくつか紹介します。

『24歳以上のアメリカ人2800人を対象にしたある調査において、**ボランティア活動をすると、活動から1年後の幸福度、人生の満足度、自尊心が高まり、うつ病が軽減した**』

『心理学者のエリザベス・ダン、ラーラ・アクニン、マイケル・ノートンらが行った調査で、被験者たちに20ドルの入った封筒を渡し、その日の午後5時までに使うように指示した。その結果、自分のために20ドルを使った人たちは幸福度の向上が見られなかったのに対して、**ほかの人のためにお金を使った人たちの間では幸福度がかなり**

上がったと報告された』

また、米イェール大学が発表している研究結果では、人がストレス過多を感じる場合、誰かに手を差し伸べることで、**日々のストレスを軽減させられる**と出ました。例えば、実験の参加者が学業や家事を手伝う、誰かに助けが必要か尋ねるなど、誰かの役に立つ行動を取ったかどうかを確認。イエスだった参加者は、ストレスフルなイベントのあった日でも、幸福度が向上し、メンタルヘルスも向上することが示されたのです。

自分のためにお金を使うほうが単純に良さそうな気がしますが、人のために使うと圧倒的に幸福度が上がるのは、よく考えると納得できるものがあります。

ヘルパーズハイの大事なポイントは、自分が誰かの役に立っていることを実感できるか否かということ。人の役に立つ、あるいは必要とされるということは、こんなにも自分を幸福にするものなのですね。

みんなで協力して分かち合う
コラボとシェアの時代だからこそ、恩送りが必要

「競争から共感の時代へ」と最近よく聞くようになりました。以前は競争の時代と言われて、いつも順位や優劣がつけられてきましたが、高度経済成長期と呼ばれた時代には、それが当たり前だったからです。もちろん、競争時代があったからこそ、日本は復興を遂げたし加速度的に経済成長をしたのは間違いありません。ビジネスでは競合他社と争い、エリアを拡大することに躍起になり、顧客やマーケットを奪い合い、とにかく売り上げを伸ばすために戦うというマインドが今の社会の基盤を作ったのだと思います。そう考えれば、競争時代は必要不可欠だったのかもしれません。

競争の時代から、共感の時代に移行した現在は、いかに相手に寄り添って、深く理解し合えるか、共に歩んでいけるか。いわゆる**パートナーシップをうまく作れた人が**

成功しているのではないでしょうか。共感能力に秀でた人が強い時代だと言えます。自分が勝ったか負けたか、上か下かを考える、そんな他者と比較し続ける人生は、今の時代に合いません。これからの時代で考えなくてはいけないことは、社会の中で自分が誰とどんなふうに助け合うべきか、どんな役割を担って生きていくべきかということではないでしょうか。

経営者の中には、いまだに自社の社員同士やスタッフ同士に競争をさせてやる気をあおる、そんな古い体質のところが残っています。ですが、そんな企業はどんどん衰退しているのが現実です。社内全体で向上していく方向に早めに舵を切らなくては、ますます危ないでしょう。同業他社との関係性も、「あそこには負けない」と敵視するのではなく、業界全体で盛り上げていこうという発想の転換が必要です。**これからは、「ライバルなんて、もういらない」という風潮になっていくのではないでしょうか。**

僕自身、常にそのことを意識しています。周囲にもそれは伝わっているようで、「わっかんは、コラボの仕事ばかりしているね」と、よく言われます。実際にその通りで、『あげまん講座』以外のセミナーやイベントは、単独開催よりもコラボ開催のほうが圧倒的に多いのです。僕の場合、あえてのコラボであり、ときには複数人での開催も進んで企画するようにしています。**僕がコラボを優先する理由は、自分にはない能力を持った人と一緒にイベントをすることによって、参加してくれた人の満足度を確実に上げられるから。**また、自分の知らない学びや情報を得られるだけでなく、参加者の層も違うことが多いので、一人だったら出会えなかった人にも出会うことができます。もはや、メリットしかありません。

ここ数年の僕は、確実に知識量が増え、人脈も広がり、いわゆる人間としての力量が少しずつアップしている実感があります。これはたくさんの人たちと協力し合って、さまざまなチャレンジをしてきた結果でしょう。一人では行けなかった環境に呼んでもらえた影響が大きいと感じています。

そういう意味でも、コラボやシェアを、僕は優先したい。今度はもっと共感の時代が来るでしょうから、もっと協力体制を求められるはずです。だからこそ、さらに**多くの起業家や経営者と関わり、多くの知識や情報を分かち合って、その上でより多くの人に恩送りをしていくことが今の僕の理想です。**

新型コロナウイルスが僕らに教えてくれたこと

２０２０年に新型コロナウイルス（以下、コロナ）が全世界を恐怖で覆ったことが、僕の中では人生を見直すきっかけになりました。僕はずっと、自分が80歳まで生きるものだと勝手に想定していたので、余力を残しながら日々を過ごしていた気がします。ところが、コロナで状況は一変。「あれっ、ちょっと待てよ。80歳まで生きるどころか、明日生きているかどうかも怪しいぞ。冗談じゃない！」と、一気に焦り始めました。

これまで、多くのセミナーに参加して、死生観についてもそれなりに学んできたつもりです。作家のひすいこたろうさんが出されている『あした死ぬかもよ？』という著書が好きで、類書をたくさん読み、それなりに人生を達観した気になっていたのでしょう。ところがコロナ禍に見舞われたことで、もはや家から一歩も出たくなくなり、スーパーやコンビニですら行くのが怖くなってしまいました。とりあえず出社はするものの、スタッフを営業に行かせることにもためらうように。そのときに、仕事のやり方を根本からどうにかしなくてはと、必死で考えるようになったのです。

ただ、**コロナの出現はデメリットだけではなく、「大切なことを教えてくれた」側面もありました。**コロナによって今までのような働き方ができなくなった分、考える時間がたっぷり生まれたことも影響していたかもしれません。「当たり前が、当たり前ではない」と、気づくことができたのです。今までは、朝起きて、当たり前に朝食を食べて、当たり前に仕事に行って、当たり前に人と会って、当たり前に居酒屋で飲んで遊んで、ということをやっていたわけです。それらが何ひとつ当たり前にできなくなり、**コロナ以前の日常がいかに幸せだったかを痛感しました。**

毎日欠かさずに誰かと会っていたのに、人と会うことさえも難しくなり、なんの予定もない時間が一気に増えたわけです。そこで僕は、空いた時間の活用方法として、自分の人生の棚卸しをすることを思いつきました。これまで歩いてきた半生を思い返しながら、iPhoreのメモアプリに記録することを習慣にしました。この記録は、僕の中では息子への遺言みたいなもの。もしもいつか僕が、誰にも気づかれずにこの世からスーッと消えて、跡形もなかったとしたら、僕が何を思い、どんなふうに考えていたか、誰かに知ってもらうすべが何ひとつない。息子に何ひとつ伝えられない。それは本当に嫌だと思ったのです。結局、**このときに書き綴った記録は、自伝の出版につながりました。**

コロナ禍になったことで、今までなら絶対にしなかったであろうことを、ほかにもいくつか始めました。内閣府「新型コロナウイルス感染症の影響下における生活意識・行動の変化に関する調査（2022年6月調べ）」によるとコロナ前と比べて家族と過ごす時間は大幅に増加しており、「現在の家族と過ごす時間を保ちたいと思うか?」という質問に関しては90・7パーセントもの人が「保ちたい」と答えています。

私も、子どもと近所を散歩するなんて、実は一度もなかったのですが、たっぷり2時間ほどかけて家の近くを散歩してみたら、かなりの発見がありました。家の近くに流れている川や、小さな公園。「あっ、こんなところにお花畑があったんだ。きれいだね」「こんな近くに、おじいちゃんとおばあちゃんがやっているお店があるなんて知らなかったね」といった具合です。そんな新発見によって、子どもたちとの会話は確実に増えました。

遠く離れたところにしか発見や喜びはないという、今までの認識は間違っていたのです。家のすぐ近くにも、素敵な場所や人の愛すべき存在があること。車や飛行機だけが移動手段じゃない。子どもと手をつないで歩いてお花畑を見に行くことも、顔を寄せて語り合うことも、こんなに幸せを感じられるものだったのだと知ることができました。「コロナがなかったら……」そう思うこともたくさんありましたが、**コロナで得た気づきは、ある意味で「恩送り」のひとつのあり方だとも感じています。**

『ペイ・フォワード』は今だからこそ見るべき映画

2001年に上映された『**ペイ・フォワード 可能の王国**』という映画を、ご存じでしょうか。

物語は、ラスベガスに住むトレヴァーという少年が、初めての社会科の授業で先生から、「もしも自分の手で世界を変えるとしたら、君たちはどんなことをするか」という課題を与えられるところから始まります。

生徒たちは最初、「変えるなんてありえない」「そんなの無理」と、拒否反応を示します。ですが先生は、「もし可能だったら?」と生徒たちに再度聞きます。その先生の言葉から、生徒たちは「そんな可能性が本当にあるのかも?」と考え始めます。

ほかの生徒がいかにも子どもっぽい提案をする中で、トレヴァーだけは一風変わったアイデアを出すのです。それは「まずは、僕が周りの誰か3人に親切にするね。僕

『ペイ・フォワード』
DVD 1,572円（税込）

発売元
ワーナー・ブラザース
ホームエンターテイメント
販売元
NBCユニバーサル・エンターテイメント

から親切を受けた3人は僕にお礼はいらないから、そのかわり別の3人に親切にしてあげて」というもの。これがトレヴァーの考案した「ペイ・フォワード」のあり方でした。

トレヴァーは、まず親切をする3人を探します。同級生や担任のシモネット先生、近所に住む薬物中毒のおじさんなど、最初は勇気が出なくてなかなか親切にすることができませんが、少しずつ勇気を出して、行動を起こしていきます。

家庭内暴力をふるう父親とアルコール依存症の母親。決して恵まれた環境ではなかったトレヴァーだからこそ、自分の周りの人々が少しでも幸福になるようにと願っていたのでしょう。ですが、トレヴァーなりにいろいろと試みたものの、最初はうまくいきません。トレヴァーが「僕の考えは失敗だったんじゃないか？」と思い始めた頃に、彼が実践したペイ・フォワードのバトンは次々とつながり始め、やがて人々の善意はさざ波のように波及していったのです。問題のある家庭環境、貧困や障害による差別。さまざまな悩みを抱える人がトレヴァーの周りにはいました。その人たちは、**ペイ・フォワードの善意の連鎖によって、それぞれの形で小さな幸せを手に入れるのです。**

少し調べてみると、原作者であるキャサリン・ライアン・ハイドが、小説「ペイ・フォワード」の誕生についてこう語っています。ある日、治安の悪い町で車がエンストしてしまいます。その時に、男性二人が車に近付いてきて、ハイドは思わず恐怖心を抱いてしまったのだとか。治安の悪い町だったこともあり、無理のないことだったかもしれません。しかし、その男性二人は、エンストしてしまったハイドの車を修理してくれたのです。

そこから、ハイドの中で「善意を他人へ送る」という考えが生まれました。このときのことがきっかけで小説が生まれ、のちに映画化されたわけです。このエピソード自体が、まさしく『ペイ・フォワード』だなと感動しました。

この『ペイ・フォワード　可能の王国』が、**コロナ禍の今、ふたたび注目されているようです。**現在よりもっと混沌としていた2020年頃からツイッター上では、「こんなときだからこそ、ペイ・フォワードの精神を大事にしよう」という声があふれました。映画の日本公開当時の関係者が、その魅力を改めて伝えるためにインタビューを受けて宣伝されたり、新しくレビューや感想が拡散されたりと、原作の思想を広めようとする人も次々に出現。中には自ら善意の行動を起こしたり、**「ペイ・フォワード」を掲げて医療従事者への支援を展開する企業もあったようです**（148ページ参照）。

発信者それぞれの価値観にゆだねられた「ペイ・フォワード」の行為が、人と人との結びつきを強め、コロナという脅威に懸命に闘おうとする姿がSNS上に浮かび上がっているように僕は感じました。

今では小学校や中学校でも「見るべき映画」として取り上げられることが増えていますから、文部科学省推薦作品とでも言うべき名作かもしれません。

僕たちは誰しも、多かれ少なかれ何かしらの悩みや問題を抱えながら生きているもの。そんな中で見つけた小さな善意の種のような『ペイ・フォワード 可能の王国』は、今こそ見るべき作品ではないでしょうか。

第2章

恩送りは幸せのバトン

「恩送り」と「恩返し」が似て非なるものであることは、プロローグでも触れました。「恩送り」は、気軽に実行できるにもかかわらず、多くのメリットをもたらしてくれます。どのようなメリットがあるのか、ここで改めて考えてみましょう。

人から受けた恩はバトン。恩返しではなく恩送りが善意の連鎖を広げる

まずは、恩を送った相手がとても喜んでくれるということ。それは同時に、誰かの役に立ったのだという自分自身の喜びにもつながります。続いてのメリットは、この上なく気持ちがいいということ。見返りを期待せずに純粋に人を助けたときには、とても新鮮な気持ちになるはずです。無条件に何かを与えることができる自分自身に、喜びを感じるでしょう。

そもそも**見返りを求めていないので、相手に恩を渡すだけで行為は完結します。**なんの下心もなく、誰かに手を貸したり、時間を割いたりしている自分に気づいたとき、とても清々しい気分になるはずです。そして下心が微塵もなく、見返りを求めないで行っているので、相手に無用な気遣いをさせません。つまり、「助けてあげた」とか、「助けられた」という心理的な負担を、お互いが感じることがないのです。こ

れもまた、恩送りのメリットと言えるのではないでしょうか。

信頼貯金と、幸福貯金

また、**人に何かを与える行為を続けることで、あなた自身の信頼度も格段にアップします。**その結果、周囲との関係性が良好になり、何年も会っていなかった人とでも関係の再構築ができるのです。良い人間関係からは、必ず恩恵が得られます。もしかしたら、あなたの善行に気づいた人が「うちの会社に来ないかと声をかけよう」「今度のプロジェクトを任せよう」とチャンスを与えてくれるかもしれません。恩送りを意識して続けることで、将来の自分が困ったときに誰かが助けてくれる保険にもなるでしょう。これらもすべて、恩送りのメリットと言えます。

僕の周りで、意識して「恩送り」を行っている人は、例外なく「幸福感が増す」と言います。実際、ボランティアに参加している人ほど幸福感が高い傾向にあるというデータもあるようです。**お金という報酬を得る代わりに、「幸福感」という報酬を得ているとも言えます。**これも「恩送り」のメリットとして見逃せません。

「一対一」ではなく、「一対多」で広がる恩送り

そして、「恩返し」の対象者は基本的に一人だけなのに対して、「恩送り」は複数の人に行えます。恩を渡す人数に上限はありません。やろうと思えば、対象者はそれこそ無限大です。もし、自分からの恩を受け取った相手が、同じようにほかの誰かに恩を送り、その相手もまた別の誰かに同じようにしたら……と考えてみてください。

あなたから始まる恩のバトンリレーが、波紋のように無限に広がっていくとしたらワクワクしませんか？　**あなたの小さな恩送りが次々とつながり、やがては豊かで優しい社会を作る原動力となるかもしれないのです。**僕は、これこそが「恩送り」の最大のメリットだと考えています。

恩送りで善意の連鎖を広げる

では、そもそも恩送りとは、どんなことを指して言うのでしょうか。

何も目立つことや立派なことでなくてもいいのです。それこそ「こんな小さなことでいいの？」と驚くぐらい、ほんの些細な行為で構いません。ここで、いくつか具体例を挙げてみましょう。

例えば、仕事や家族のお付き合いのイベントやセミナーの懇親会など、たくさんの人が集まる会場で、一人ポツンとしている人に声をかけてあげてはどうでしょうか。僕にも覚えがあるのですが、集団の場で気心の知れた人もなく一人で過ごすのは、本当に居心地が悪いもの。声をかけてくれる人がいたら、きっとうれしいはずです。知らない人に声をかけるのは勇気がいりますが、別にたいした話をする必要もありません。笑顔で、簡単な自己紹介をするだけでいいのです。

また、職場で浮かない顔をしている同僚や後輩がいたら、話を聞いてあげるといいですね。下手にアドバイスをしようとせず、ただ黙って話を聞いてあげるだけでいいのです。重い気持ちを抱えているときに、人に話すことで楽になることもありますから。気軽に食事やお酒に誘って発散させてあげるのもいいのではないでしょうか。

身近な恩送りの光景

僕自身が、何度か目にした恩送りの光景もあります。冠婚葬祭の会場や、子どもの習い事の送迎をした時などに、出入り口で自分や家族の靴を揃えるついでに、ほかの人の靴も揃えてあげている人をたまに見かけるのです。とても良い恩送りだなと、いつも感じます。

コンビニのレジでお釣りの小銭を募金箱に入れるのも、もちろん恩送りです。趣旨や試みに賛同できるのであれば、今の時代らしいクラウドファンディングに参加するのも恩送りだと言えるでしょう。

コロナ禍の中では、気軽に声をかけたり、近い距離でコミュニケーションを図るのは難しい面もあるかもしれません。場所や状況を見計らいながら、できそうな恩送りを実践してみてはいかがでしょうか。手を差し伸べたり、声をかけたりした相手から、もしも拒絶されたとしても、気に病む必要はありません。むしろ「今は手助けが必要ないんだな」と心の中で喜んであげましょう。

恩送り最大の効果は、自分も周りも変化すること

恩送りの素晴らしいところは、自分だけではなく、相手や周りの人も幸せな気持ちにできること。考えてみてください。自己肯定感が高くて、思いやりがあり、話をよく聞いてくれて、人のために率先して助けの手を差し出してくれる。そんな人が自分の友人だったらどうでしょう？　また、そんな人が大勢いる職場だったらどうでしょうか。その友人とずっと仲良くしていたいだろうし、そんな職場があれば、きっと居心地も良くて働きがいもあり、離職率も低いに違いありません。

強制されるわけではなく自ら善意の行いをして、その恩を受け取った人に「同じことをほかの人にもしてあげて」と伝える。この恩送りをくり返して、周りの人が次々と自発的に善行を積み上げ、波及させせたとしたら……。これはもう、すごいことにな

ると思いませんか？

想像してください。恩送りが広がった社会を

先ほども伝えた通り、恩送りは送った相手だけではなく、行った自分自身も喜びや幸福感を得られます。ということは、**あなたから波及した恩のバトンリレーでつながった人たちも、次々と幸せな変化を遂げることになるはずです。**

コロナの影響もあって、息が詰まるような閉塞感が漂う現代社会。人々の心は疲弊して、他人を思いやる余裕をなくしています。そのせいか、殺伐としたニュースが増加している気がしませんか？　人のために何かを与える機会は、以前にもまして少なくなってきているのも事実でしょう。

そんな世の中だからこそ、恩送りが必要不可欠なのではないでしょうか。誰かに恩を送る行為は、別にお金をかけなくても、長い時間をかけなくても、できることが多いもの。ほんの少しの思いやりと、一歩を踏み出す勇気、誰かにひと声かける勇気があれば始められます。恩送りのメリットに、より多くの人が気づいてほしい。一人ひとりができることから始める恩のバトンリレーが、少しでも広まることを僕は望んでやみません。

恩送りコミュニティを日本中に広げよう

恩送りは、個人と個人のやりとりにとどまりません。家庭内はもちろんのこと、職場や地域社会の人々にもメリットをもたらします。それは、恩送りによって、与える人、受け取る人、次に渡された人、その流れを目撃した人、すべての人の間に**「善意のネットワーク」**が生まれるからです。

ネットワーク上では、お互いに信頼と尊重の意識が育ち、関わる人同士をより強く結びつけてくれます。やがて強いコミュニティ意識と共通のアイデンティティも芽生えます。そうなると**長期にわたってポジティブな効果をもたらす可能性が高くなるのです。**いわゆるご近所付き合いであろうと、大きなスケールの慈善活動であろうと、その効果の出方は変わりません。

恩送りの行動から、あなたも幸福感を得て、自己肯定感が上がり、周囲の人も同じように幸福感を得て自己肯定感が上がる。その上、信頼と尊重の意識が育つ。そんな理想的なコミュニティが、日本のあちこちにたくさん出現すれば、世の中もより良く変化するに違いありません。

恩送りをすると分泌される幸せホルモン

人が人のために何かをするという行為は、とても感動的で胸の奥がじんわりと温かくなるような気がしませんか？　この「胸が温かくなるような感覚」の正体は、実は人間の脳下垂体から分泌される、**「オキシトシン」**というホルモンなのだそうです。別名**「幸せホルモン」**とも呼ばれていて、次のような驚くべき効果があります。

●幸福感が増す
●脳や心が癒され、ストレスが緩和する
●心臓と血管の健康に良く、アンチエイジングになる
●不安や恐怖が減少する
●人間関係を円滑にする

長年の研究から、「ある行為」によって、誰にでもこのオキシトシンが出せることがわかりました。その行為とは、「人のために何かをする」ということだったのです。あの、なんとも言えない胸の奥が温かくなるような感覚は、幸せホルモンであるオキシトシンが分泌されている証拠。その瞬間に、人は癒され、ストレスや不安は軽減し、幸福感を得るのです。また、オキシトシンが十分に分泌されれば、胃腸が丈夫になり、自律神経は強く安定し、血圧は下がり、心臓の機能を上げ、免疫力がアップし、心を安らかにするセロトニンの分泌を促し、よく眠れ、脳内麻薬のエンドルフィンの分泌を促して痛みまで和らげてくれます。なんと、人の身体にとって良いことだらけではないですか！

ポジティブな気分と健康を増進させる万能ホルモン

最近では、食欲の抑制効果や脂肪分解効果もあることがわかり、**肥満治療に有効**として研究開発が進んでいるのだとか。
まるで「神」のように感じてしまうオキシトシンは、脳内に存在する天然ホルモン。人の総合的な幸福度に関与していることは、かなり昔に判明していたため、「幸せホルモン」という別名は、すでにしっかり定着しています。

このホルモンは、記憶力の向上や睡眠の改善にもつながるとされています。また、人やペットとスキンシップを取ることで、オキシトシンのレベルが上昇し、全体的な幸福感が高まることも研究結果として明らかになっています。

オキシトシンは、あらゆるシーンにおいて、ポジティブな気分を高め、満足感ややる気もアップしてくれるホルモンです。アミノ酸の元となるタンパク質を多く含んでいる食品を摂取することが、オキシトシンのレベルを上げ、全体的な健康状態を改善するのに役立つと考えられています。また、マグネシウム、亜鉛などのミネラルやビタミンDなどのビタミンが欠乏すると、オキシトシンの分泌や効能が低減してしまうので要注意。この3つの栄養素は特に、直接的にオキシトシンの血中濃度を上げるのをサポートしてくれます。やはり、栄養を取るのを心がけることが、何よりも大切なのですね。

オキシトシンと恩送りを関連書籍から学ぶ

オキシトシンについては、関連書籍としてデイビッド・ハミルトンの著書『親切は脳に効く』（訳者：堀内久美子、サンマーク出版）があります。オキシトシンについての樺沢紫苑氏の書評を引用します。

――人に優しくすれば、めぐりめぐって自分にいいことがかえってくるという意味の「情けは人のためならず」ということわざがありますが、実は、これは科学的に見ても正しかったことがわかりました！　誰かに親切にするとき、見返りを期待してい

るわけではなくても、いい意味での「副作用」が得られると著者はいいます。親切は、親切にした相手だけではなく本人にも幸福感をもたらし、心臓と血管の健康によく、アンチエイジングにもなる。そして人間関係を改善し、「波及効果」によってさらなる親切を生むというのです。このように親切が心と体、そして人

間関係にいいのは、親切によって脳内幸せホルモン「オキシトシン」が分泌されるから。――

書かれていることはまさしく「恩送り」に通じています。幸せホルモンであるオキシトシンが人間にとって大切なホルモンであることも、心身共に健康であることも、心の幸福感につながり恩送りが大切なことも、あなたに伝わるとうれしいです。

日本の恩送りと、海外の恩送り

ここで改めて、「恩送り」について書かれている文献を探してみたところ、作家 井上ひさし氏の書籍の中に、次のような記述を見つけました。

――「恩送り」というのは、誰かから受けた恩を、直接その人に返すのではなく、別の人に送る。その送られた人がさらに別の人に渡す。そうして、「恩」が世の中をぐるぐるぐるぐる回っていく。そういうものなのですね。――(『井上ひさしと141人の仲間たちの作文教室』より引用)

1996年に岩手県一関市で「作文教室」と題して開催された井上氏の講義に、141人の受講生が参加したことが本のタイトルのゆえんです。井上氏は、中学三年生の半年ほどを 関市で過ごし、地元の人に温かく迎えてもらったことにとても恩義を感じていたようです。井上氏は町への「恩送り」の一端として、前述の講義もボランティアで引き受けられたと、あとがきにありました。

恩送りの歴史の長さ

「恩送り」という言葉は、江戸時代から存在していたようです。事実、浄瑠璃や歌舞伎の演目として知られる『菅原伝授手習鑑（すがわらでんじゅてならいかがみ）』の「寺子屋の段」は、「恩送り」が題材になっています。演目のあらすじはこうです。

学問の神様、菅原道真公に恩を受けた梅王丸・松王丸・桜丸という三兄弟がいました。運命のいたずらで、松王丸は道真公の宿敵である藤原時平に仕えることに。

道真公が九州に左遷される際、息子の菅秀才は寺子屋の武部源蔵にかくまわれたのですが、その事実を知った藤原時平は、「菅秀才を討て」と武部に迫るのです。追い詰められた武部は、菅秀才の身替りの子の首を刎ねます。そこへ菅秀才の顔を知っている松王丸が首実検に現れ、「菅秀才に相違なし」と告げるのです。ところが、身替りになった子どもは松王丸の息子。道真公の息子の命を守るために、わが子の命を差し出して恩に報いた松王丸は、「利口な奴、立派な奴、健気な八つや九つで、親に代わって恩送り。お役に立つは孝行者（略）」と、泣き笑いしながら朗々と口上を述べるのでした。（出典『菅原伝授手習鑑』「寺子屋の段」）

こうして見ると、**恩送りの歴史の長さに驚かされます。江戸時代には、「恩返し」と「恩送り」は同じものだとされていたようです。**

最近では「恩送り」もだいぶ認知されてきていると感じますが、日本人には類似の意味合いの**「情けは人の為ならず」**のほうが、なじみが深いかもしれませんね。「情けは人の為ならず」を誤訳して、「情けをかけるのは、その人のためにならないからやめたほうがいい」と受け取っている人も少なからずいるようです。正しくは、「人に親切にしておけば（情け）、いつか巡り巡って、自分が人様から助けてもらえるよ」

ということなので、「恩送り」と同義と言っていいでしょう。先にも書いた通り、自分への見返りを期待せずに行うのが「恩送り」の良いところ。ですが、純粋な思いで続けていれば、いつか必ず自分も恩恵にあずかる日が来るのも、また事実です。

「おすそ分け」で話題となった人気ドラマ『silent』

僕自身、「恩送り」という言葉や、その意味を知ったのは数年前のことなので、古き時代から存在していたことはとても意外でした。でもよく考えてみると、**日本には昔から「おすそ分け」や「困ったときはお互いさま」などという表現が根づいています。**

２０２２年に大ヒットしたドラマ『silent』の最終回では、主人公たちがカスミソウを「おすそ分け」するシーンが話題になりました。視聴者はカスミソウの花言葉に注目。「感謝」「幸福」などの意味を持つ花であることから、ＳＮＳでは「カスミソウのリレーは幸せのおすそ分けリレーだった」という声が上がりました。これも恩送りと通じるものがありますよね。

海外の恩送りとは

外国にも「恩送り」の概念はあります。第1章で見るべき映画としてご紹介した『ペイ・フォワード』が、まさにそれです。**「ペイ・フォワード（Pay It Forward）」とは、直訳すると「先払い」のこと。**誰かから受けた恩をその人に返すのではなく、まったく別の人に送ること。もちろん、見返りはいりません。「恩の先払い」ということですね。こちらも「恩送り」と同じ意味と思っていいでしょう。

ペイ・フォワードの一例として、アメリカで実際にあったエピソードを紹介しましょう。アメリカのオハイオ州に住むモーラーさんという人が、スターバックスでたまたま後ろに並んでいた、見ず知らずの女性のコーヒー代を支払いました。

その日、モーラーさんが帰宅すると、郵便受けにメッセージが届いていました。差出人は、スターバックスでモーラーさんの後ろに並んでいたクローソンさん。メッセージには、彼女の生活状況は苦しいものだけれど、モーラーさんの親切に救われたと綴られていて、最後に「あなたの行為は、一杯のコーヒー以上のものだということをお知らせしなくてはと感じたのです。それは、私の一日を良いものに変え、涙を誘い、スマイルさせた素晴らしい行為でした。とても感謝しています」とありました。

その後、モーラーさんは次のようにツイート。

「昨日、スターバックスで私の後ろに並んでいた女性のコーヒー代を払ったんです。帰宅すると、その女性からのメッセージが郵便受けに入っていました。小さな行為も、こんなに感謝してもらえるのだから、思いやりを広げていきましょう」と。

このツイートは2万回以上もリツイートされ、広く拡散されたそうです。国は違っても、恩を送る行為は人を幸せにするという好例ですよね。

偉人たちも大切にした恩送り

たらいの法則

あなたは、**「たらいの法則」**をご存じですか？

水を張った「たらい」が目の前にあるとします。その水に両手を突っ込んで、水を自分のほうにかき寄せようとすると、どうなるでしょうか。水はたらいの手前にぶつかり、たらいの縁を伝って遠く向こうのほうへ流れてしまいます。

今度はその逆に、両手で水を向こうのほうへ押しやるようにするとどうなるでしょうか。押しやられた水は、たらいの向こう側にぶつかって、そのまま縁を伝って自分に近い手前のほうに戻ってくるのです。

お金や幸せも、この原理と同じだと説くのが「たらいの法則」です。つまり、お金

たらいの法則

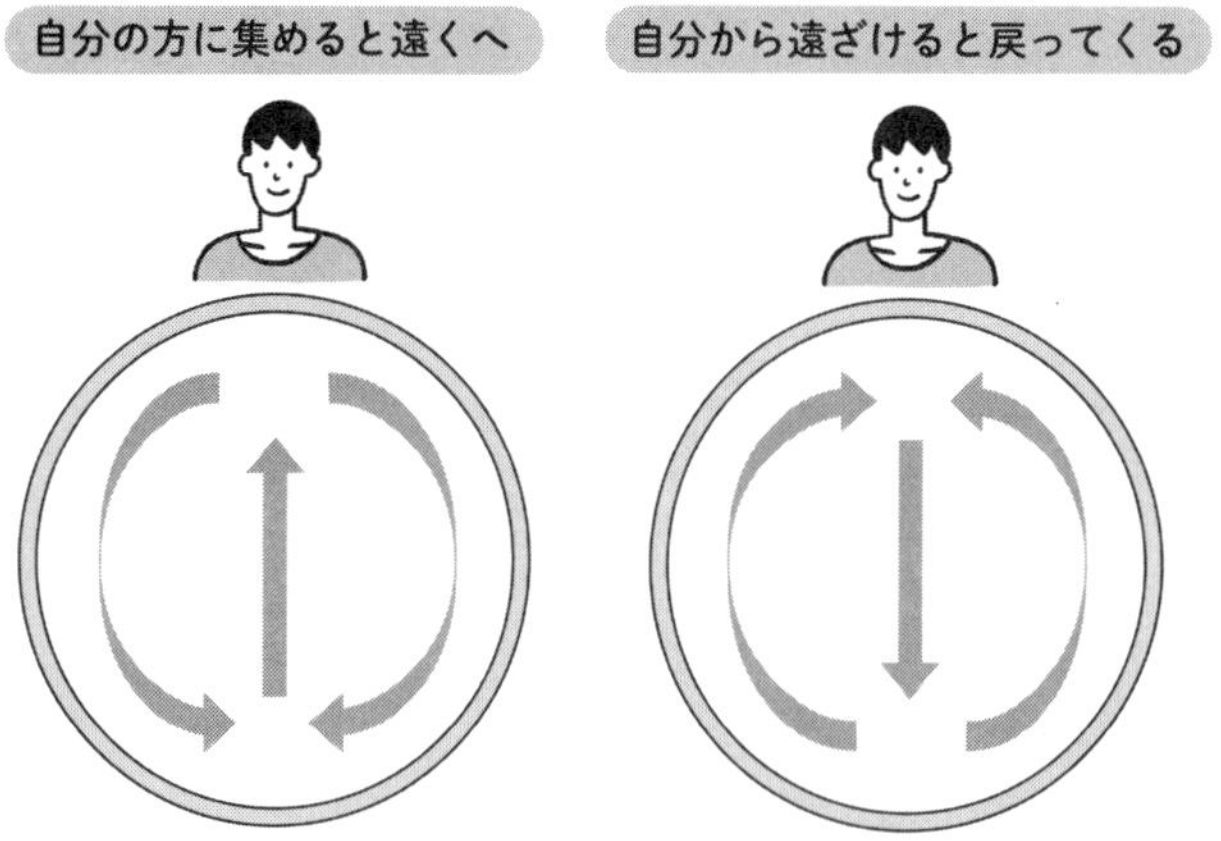
自分の方に集めると遠くへ
自分から遠ざけると戻ってくる

も幸せも、自分ばかりが手に入れようと躍起になり、「欲しい、欲しい」と集めれば集めるほど、逃げてしまって少しも手元に残らない。ところが逆に、「どうぞ、どうぞ」と人様に差し出せば、いやでも自分に返ってくるものだと。

この法則を最初に伝えたのは、あの二宮尊徳（二宮金次郎）だと言われています。また、**経営の神様と呼ばれた松下幸之助氏も、「たらいの法則」を重用していたそうです。**

恩送りは「たらいの法則」でいうとこ

ろの、水を両手で向こう側に差し出している状態。「はい、どうぞ」と差し出すことで、いずれはまた自分のもとに水（恩）が戻ってくるということなのです

恩送りと、利他の心

お釈迦様は、「生きていく人間にとって、何より大切なのは『**利他の心**』である」と説いておられます。利他の心とは、自分よりも他人を優先し、少しでも力になろうとする心のあり方を指します。利他の心を持って善い行いをすればするほど、徳を積むことにつながり、徳を積んだ分だけ穏やかな幸せが待っているのだと。

この利他の心と対極にあるのが、**利己の心**です。いわゆる「自分が、自分が」という自分優先の生き方ですね。自分だけが得をしたい。自分さえ良ければ他人はどうでもいい。そういう心持ちでは、決して穏やかな幸せは手に入りません。利己を手放して、できるだけ利他の心で生きましょう。それこそが人が生きる人生の目標です。と

いうのが、お釈迦様の教えです。

まずは、今を生かしてもらっていることに感謝をしてみてください。素直に感謝できるようになれば、おのずと自分自身がどんな環境にあっても幸せだと思えるようになるものです。

これは、かの**稲盛和夫氏**の受け売りです。京セラの創業者として、またＪＡＬを見事に再建した功労者として有名な稲盛和夫氏は、常にこの「利他の心」の大切さを語ったそうです。

恩を送る前に知っておくべきこと

当たり前のことですが、僕らは否応なしに、いつか死んでこの世から消えます。生まれてから死んで消えるまでの間に、何をしても、何もしなくても、いずれは終わりが来る人生です。だとしたら、なおさら僕は生きている間に、自分にできうる限りのことをやってみたいと、常に考えています。

願わくは、自分の使命を見つけて、生きている間に果たしたい。そして、どうせなら次の世代に自分の生きた意味をつなげることができたら、素敵だと思うのです。

素晴らしい偉業を成し遂げて、後世に残そうなんて考えなくてもいいでしょう。もっと普通に、カジュアルにつないでいけることも、きっとたくさんあります。誰かを愛して、結婚して、子どもの親になって、そんな一般的な生き方だって、もうそれだけで命をつないでいるわけです。それが、すでに**次世代に恩を送っていることになっています。**ただ単に、今を生きることを続けていれば、ひとつの人生のストーリーはできあがる。それを死ぬ前に、ほんのわずかでも次へつなぐという意識を持つことができたら、素晴らしいと思いませんか？

恩送りをする前に、恩を送られてきたことに気づこう

ただし、次世代につなぐことや、誰かに恩を送るためには、その手前でやるべき大切なことがあります。それが何かというと、自分自身も今まで生きてきた中で、多くのものをつないでもらった、**与えてもらって今があるということに気づくこと。**そして、それに気づいて心から感謝すること。まずは、そのことにきちんとありがたみを感じてから、次は自分がつないだり与えたり、恩を送っていくこと。**この感謝こそが、**

自分が次へつなぎ、恩を送っていく前段階に、絶対に不可欠なのです。

こんな偉そうなことを書いている僕自身も、正直に言うと、過去には人に感謝せずに生きていた人間です。それは僕の中で、いまだに大きな後悔のひとつになっています。ありがとうの気持ちなんてひとかけらもなく、自分勝手に生きていた時期が長くありました。その頃に僕は大病を患い、多額の借金もして、人に裏切られ、大切な人を失い、何度となくドン底状態に落ちたのです。感謝をまったくしない人生を送っていたからそうなったのか、僕にはわかりません。だけど、その経験があったから今の僕があることも、よくわかっています。

ドン底状態の経験で、大事なことに気づけたのもあるけれど、もしも時間を戻せるなら、やり直したいという気持ちが本音です。許されるなら、できることなら、僕の置かれた環境や、さまざまなものを与えてくれた人たちに、心からお礼の気持ちを伝えたいです。

すべての感謝を全力で受け取る

感謝と言っても、すぐにできるものではないでしょう。「ありがとうございます」と口では言えても、本当の感謝ができているのかどうか、それもわかりません。なら、どうすれば本物の感謝に近づけるのか。僕から二つ提案させてください。まず、**誰かや何かに感謝をするためには、あなたに与えられたものを全力で受け取ってください。**それがどういうことか、わかりやすい例を出しましょう。

まず日本人は、遠慮や謙遜が美徳だと思いこんでいる人がとても多いです。僕たちはそういう教育を受けて育ってきていますから、それは仕方ないところでもあるのですが、少し考えてみてください。

家にお客様が訪ねてきて、手土産をいただいたとします。そういうときには、「すみません。お気を使わせてしまって……」と、申し訳なさそうにいったん遠慮する人が多いですよね。あの遠慮は、不要だと思うのです。素直に受け取って、「わあ、おいしそうですね！　一緒にいただきましょう」と喜んでくれたら、持ってきた方も絶対にうれしいはず。**遠慮の言葉よりも、感謝の言葉を伝えてみるのはいかがでしょうか。**相手も「持ってきて良かった」と感じてくださることでしょう。

もうひとつ、別の例を挙げます。「かわいい」とか、「かっこいい」とか、「すごい」とか、人から褒められたとします。そのときに、よくある返事は、「そんなことありませんよ」「僕なんか（私なんか）、全然ダメですよ」と、やたらに謙遜するパターン。なぜもっと素直に、褒められたことへの喜びを表現しないのでしょうか。

「かわいい」「かっこいい」「スゴイ」と言われたら、即座に「うれしい。ありがとう」と返したほうがいいと思いませんか？　褒めているのに変に卑下されたり、否定されたりしたら、出した褒め言葉が行き場を失って、言ってくれた相手も居心地が悪くなります。**下手な謙遜は、誰も幸せにしません。**相手に「言わなければよかった」なんて思わせてしまったら、悲しくなりませんか？

すべては「ありがとう」と「人を思う気持ち」

人にしてもらったことや、言ってもらった言葉を、全力でまずは受け取る。そして、素直に喜びや感謝を口や態度で伝える。「ありがとうございます」「うれしい」などと伝えることで、**「幸福の矢印」は正しい向きで、スムーズに流れ始めるのです。**僕はそう信じて、ずっと実践しています。（「幸福の矢印」については、第９章で詳しくお伝えします）

あらゆるものに対する感謝の気持ちが、あなたの人生を好転させることは間違いありません。人から何かをしてもらったら、まずは「ありがとう」と伝えましょう。おそらく子どもの頃は、親から「何かをしてもらったら、ありがとうだよ」と教わってきたはず。もう一度、自身自身に刷り込むといいのかもしれませんね。

すべての物事の背景には、人を思う気持ちがあります。誰かの行動も、僕たちが使っている道具も、僕たちが食べているものも、誰かが誰かを思うことで生まれたものです。それに気づいたときに、僕は感動して自然と感謝があふれてきました。さらに、**感謝があふれ出すようになったときから、そのあふれ出たものを人に分けてあげられるようになりました。**

恩送りをする前に、感謝の気持ちを持つこと。それをぜひ知っておいてください。

第3章

恩送りはビジネスの基本

ここまで、恩送りの必要性や、行動することのメリット、そして恩送りをしていく上で大切なことをお伝えしました。この章では、恩送りが仕事や人間関係、お金にも大きく関わることを具体的にお伝えしようと思います。

お金は、ありがとうの方向にしか流れない

僕にはメンターがいます。日本では「恩師」という言葉がしっくりくるかもしれませんね。今の僕があるのは、確実にメンターのおかげです。恩送りについてもメンターから学びました。そのメンターに教わったことは恩送り以外にも山ほどあるのですが、ここでは「感謝とお金の話」をシェアしようと思います。

「お金は、ありがとうの方向にしか流れない」と、僕のメンターは言っていました。どういうことか、最初は理解できませんでした。「お札に足は生えていないでしょう？だったら、お金はどうやって世の中を動いているかわかる？」と、不思議な質問をしてくるわけです。もちろん僕にわかるわけがありません。

「いや、考えたこともなかったです」と答えました。すると、「お金は持ち主の意思がないと動かないもの。お金を財布に入れたり、ポケットに入れたり、口座に入れたりしているのは持ち主。そして持ち主の意思で、財布やポケットから出して人の手に渡ったり、口座から口座に振り込まれたりというように動く。そういうときの持ち主の意思というのは、ほとんどの場合、『ありがとう』の感情なんだよ」と。そんなメンターの解説を聞いても、僕はまだ理解が追いつきませんでした。

キョトンとしている僕を横目に、メンターは続けます。

「ごくまれに間違ったお金の流れ方があるから、全部が全部とは言えないけれども。**人が人に『ありがとう』と思うところには、お金が流れてくるのは事実だよ。**君だってお金を使うときは、『ありがとう』と思うんじゃないか？　レストランで『おいしかった。ありがとう』と言いながら支払うでしょ？　もしかしたら君はまだ、ありがとうと思うどころか、お金を払っているんだから、飯を食わせるのは当然ぐらいに思っているのかもしれないけど。でも、正しいのはそうじゃないのはわかるよね？　お金を払うことは、『ありがとう』という感謝の気持ちを表すことなんだよ」と。

さらに、「だから、『ありがとう』と思われることをたくさん提供しているところには、お金がたくさん集まってくるんだ。つまり、**人が『ありがとう』って言いたくなるような商品やサービスにお金が集まって、その提供者が結果的にお金持ちになっているんだよ**」と、教えてくれたのです。

「それがこの世の中のお金の流れだから、それを覚えておけば、これからやる仕事とか、人に対する態度とか、姿勢が全部変わるよ」とも。

お金の使い方を猛省

そう意識してみたら、まさにメンターの言う通りにお金は流れていると気づきました。同時に、これまでの過去を振り返り、自分のお金の使い方を猛省しました。それこそ人から奪い取るような稼ぎ方をしていたし、稼いだお金は、今まで自分を馬鹿にした人を見返すために使っていました。見栄とプライドを満たすために、良い車やブランドものを買い漁り、無駄にお金を溶かしていました。もし、そのお金をお世話になった人に「ありがとう」の気持ちとともに使い続けていたなら、きっと倍々に増えていたことでしょう。

ご縁元に感謝する

世の中に成功者と呼ばれる人は大勢いますが、ここでは**成功者にも二種類あること**をお伝えしましょう。それは、**成功が一度だけで終わってしまう人と、一度の成功にとどまらず、その後もずっと成功し続ける人の二種類です。**

前者を例えるなら、夜空いっぱいに広がった打ち上げ花火が、一瞬だけ輝いて消えるイメージでしょうか。実は、以前の僕もまさにこのタイプでした。ダンサーだった十代の頃は、数々のダンスコンテストで優勝を経験。二十代で就いた営業職では、月に100万円の給料を稼いでいました。確かに、一度はそれなりの結果を出せたのです。だけど、どういうわけか良い時期は続かず、二度目のチャンスは訪れませんでした。原因や理由を考えても、当時はわからなかったのです。ただ、焦って、迷って、もがいて、やがて気づいたときにはドン底に落ちていました。

人生を打ち上げ花火にしないために

今の僕なら、当時の僕に向かって、「今のままでは、遠くない将来に没落するよ」と、教えてあげることができます。

昔の僕が輝きを維持できなかった原因は、少し成功したからと調子に乗って、「この結果を手にできたのは誰のおかげなのか」について、きちんと考えていなかったことです。このチャンスを最初にもたらしてくれた人や、成功するきっかけになった人、つないでくれた人……。つまり、「ご縁元」のことを折に触れて思い起こすべきだったのです。

究極の「ご縁元」を忘れない

究極の「ご縁元」と言えば、それはご先祖様です。僕は、毎朝のルーティンとして、ご近所の氏神様に参って、ご先祖様に感謝を伝えるようにしています。これを日課にして、もう八年になりました。

ご先祖様にしてみれば、どんな子孫でもすべて大切なはず。だって、自分が人生をかけてつないだ命のバトンを持って、今を生きている子孫たちなのですから。とはいえ、数多いる子孫の中でも、ほとんど毎日のように手を合わせて、「ご先祖様のおかげです。ありがとうございます」と感謝の思いを伝えてくれる子孫がいたら、やっぱり特別に目をかけたいのではないでしょうか。

ご先祖様に限らず、**すべてのご縁元に感謝することが大切だと僕は考えています。**

感謝の思いを抱くことで、自分の人生を加速させる可能性が高まるし、少なくとも今より悪くなることは決してないと信じているからです。

「ご縁元」の原点は、まずは産み育てて常に支えてくれた両親です。そして友人、恩師やメンター、仕事を発注してくれたクライアント。そして、今を共に生きてくれている家族。その存在は、あなたの生きる原動力になっているはずです。

日々、ご縁元を意識してこそ

以前の僕は、これらの大切なご縁元に向けて、しっかりと感謝することをまるっきり忘れていました。だから良い状態をキープできず、次のブレイクにもつながらず、最終的には成功とは真逆の位置に転がり落ちることになってしまったのです。

きっと、これは誰にでも同じことが言えるのではないでしょうか。成功したときやチャンスをつかんだとき。そういうときこそ、今の自分があるのは誰のおかげか。自分の成功を一番喜んでくれるのは誰なのか。つまりは「ご縁元」をしっかり意識して、深く感謝することが大切なのです。それを忘れたり、何もかもが自分だけの手柄だと思い違いをしているようでは、成功は続きませんし、未来のチャンスも訪れません。

改めてご縁元に感謝できた出来事

最近も、ご縁元に感謝した結果として、うれしい経験をしました。この本は、僕にとって二冊目の出版なのですが、話が決まったときに、初出版でお世話になった「評言社」の社長に報告に伺いました。二冊目を出せることになったのは、一冊目の実績があったおかげだという感謝をどうしても伝えたかったのです。

先方にしてみれば、どうせなら二冊目も自分のところで出してほしいと思うのが本音でしょう。そう考えると、わざわざ「別の出版社から二冊目の本を出します」とあいさつに行くことを躊躇したのも正直なところです。ですが、本を世に出すというチャンスをくれたご縁元に「おかげさま」を伝えずにはいられませんでした。

そんな僕の胸の奥も汲み取りながら、「評言社」の社長は満面の笑顔で、「若山さん、本当に良かったね。二冊目の出版おめでとう」と言ってくれたのです。本当にうれしかったですし、憮然とされても仕方ないと思っていただけにホッとしました。同時に、ここでなんの挨拶もせずに、先方の知らないところで二冊目を出版していたとしたら、おそらくとても嫌な気分にさせてしまったのではないかと思います。やはり「ご縁元」に感謝することを何よりも優先するべきだと、改めて感じた出来事でした。

上司から受けた恩は、部下に返せ

社会人経験のある多くの人は、自分が新人だった頃を思い返してください。会社の上司や先輩から、社会人のマナーや常識はもちろん、知識や情報、スキルやノウハウ、仕事に必要なすべてのことを教えてもらいながら育ったはずです。ということは、部下は上司に「恩」があることになります。受けたその恩を上司に返せば、それは「恩返し」ですね。例えば上司の活躍をねぎらったり、自分自身が部署の業績に貢献したりすることは、恩返しにあたります。

もちろん、恩返しはするべきだし、それ自体は尊い行為です。ですが、恩返しだけにとどまらず、自分が上司の立場になったときに、部下に対して「恩送り」をすることを意識すれば、会社全体の発展につながると思いませんか？　自分が新人時代に上司や先輩から教わったことだけでなく、自分の経験値や最新の情報をプラスして部下に伝授する。それを受け取った部下が、さらに次なる部下に伝える。これこそが会社という組織に必要な、恩送りのあるべき形です。

恩送りは、人の成長だけでなく、会社の発展にまで広がる

先日、たまたま手にしたビジネス書にも、同様のことが書かれている箇所を見つけたので引用します。

――自分がきちんと仕事をこなせるようになるまで、先輩たちが黙ってどれだけの代償を払ってきたかを考えてみてほしい。その恩を先輩たちに返すべきだと言っているのではない。恩返しではなく、「恩送り」として、自分が先輩たちにしてもらったように、自分が後輩たちを育成するのが、「人軸」に立つ組織のあり方だ。こうした組織では、ピラミッドの上にいる先輩たちから、下にいる後輩たちに恩が送られ、そ

の中で人材が育ち続けていく。だから、こうした「恩送り」が成り立つ会社は、末広がりのように長く成長・発展を遂げていくのだ。――青木仁志著『経営者は人生理念づくりからはじめなさい』（アチーブメント出版）より引用。

会社という組織の中に身を置く以上、誰もが少なからずキャリアアップを望むはずです。上昇意識の高い人であればなおさらのこと。出世の階段を誰よりも早く、今よりもっと上へと上ることを意識するでしょう。そこまで出世に躍起になるタイプではなくても、在籍歴を重ねるとともに、多かれ少なかれ立場や環境は変化します。すると、やがて訪れるのは出世のピーク、あるいは定年というキャリアの終点です。そのときに振り返って、自分はこんなにも出世できたと悦に入るだけでいいのでしょうか？

恩送りの精神で部下を導ける人は、部下の可能性を見つけ、やる気を引き出し、優秀な人材に育てることに長けています。長いキャリアを通じて得た経験や知識を部下にしっかり伝承し、多くの優秀な次世代キャリアを育成して、たくさんの「恩送り」ができたことに充足感を覚える。そんな人生のほうが、出世に執着するだけの人生より、ずっと素敵だと僕は感じます。

リタイアしたのち、自分が育てた部下たちが目覚ましい活躍をしているのを見る機会があるかもしれません。そして、恩を送った相手である部下たちもまた、次なる世代に恩を送り続けているのです。

かつて自分も中継の一員だった恩のバトンリレーが今も脈々とつながっていると考えるだけで、人生の価値は何倍にも増すのではないでしょうか。

組織のリーダーは善意のバトンをスタッフに渡すのが役目

組織の繁栄には、有能なリーダーの存在が欠かせません。現代社会における組織には、セクハラ、パワハラ、マタハラなどさまざまなハラスメント（いじめや嫌がらせ）やメンタルヘルスなど、さまざまな問題が山積みです。そんな厳しい環境で働くリーダーは、見返りがきわめて少ない、割の悪い立場だと言えます。だからこそ、優秀なリーダーにはリーダーシップというマインドセットが絶対に必要不可欠。リーダーにとって、「恩送り」もまた、重要なマインドセットのひとつになり得ます。**メンバーに向けて、有形無形の恩を送り続けることができるリーダーは、組織全般に計り知れないプラスの影響を与えるはずです。**「恩送り」の精神をベースにすることで、献身、勇気、意志の強さといったリーダー的な資質がいっそう際立ち、その結果として組織メンバーとのつながりがより強まります。

恩送りにおける、リーダーの役割

リーダーにはたくさんの役割がありますが、その中でも「より良い環境づくり」や「一緒に働く人の動機付け」はとくに大切です。そのための手段として、**リーダー自らが「善意の発信源」となって、公正で思いやりにあふれたメッセージを発信し続けること。**

その内容は、リーダーが各メンバーに対して関心を持ち、配慮をしていることのアピールだけでは足りません。各メンバー同士も、互いに信頼感や責任感を共有できるような発信であるべきです。例えば、「気まずい職場を望む人はいません。互いに認め合い、励まし合える職場にしましょう」ということをくり返し伝えてあげましょう。発信するメッセージに優しさとメンバーへの尊敬を常に込めることが、リーダーにとっての恩送りでもあります。

リーダーが発信する恩を受け取ったメンバーが、同僚という横のつながりで恩を送り合い、新たに加わった若い世代に恩を渡す。つまり、**みんなが「恩のバトン」をつなぎ合うような雰囲気づくりに成功すれば、組織内の信頼は強まり、従業員の士気は高く保たれることは間違いありません。**さらにリーダーは、「開かれた組織」「風通しの良い職場」を目指すことにも注力しましょう。誰もが安心して自らの意見を述べたり、オープンに話し合ったりできることが、理想的な職場です。誰の意見にも耳を傾け、アイデアや建設的なフィードバックをチーム全体で共有して、より協力的で支援的な環境づくりに徹する。リーダーが率先して、模範を示せば、おのずと職場は変わります。

職場における恩のバトンリレーの起点は、リーダーです。もしもリーダーがバトンを渡さなくなれば、組織は必ず劣化します。共に働くメンバーに心から感謝し、彼らが正しいことをするという信頼とともに、「恩送り」という確固たるマインドセットを持ち続けてください。

第4章

今日からでき、人生が豊かになる恩送り術

第3章では、恩送りがビジネスの基本であることをお伝えしました。では、恩送りとセットである「感謝」とは、どうすれば湧いてくるのでしょうか。この章では、誰にでもできて人生が豊かになる恩送りのメソッドについてお伝えします。

感謝のリストアップで自分の器を広げる

誰でも、「ありがとう」と言われると、理屈抜きでうれしいもの。誰もが思いやりの心を持つこと。関わる人を敬うこと。そして感謝こそ、自分自身を含めたすべての人が、より良い関係を築き保つために役立つ最強の感情ではないでしょうか。

感謝をするのは、人に対してだけではありません。空気、水、光、大地といった自然からの恵みや、今この瞬間を生かされているそのことも対象です。そうすれば、今あるもの（物品や食材など）を大切にでき、当たり前のことが当たり前ではないことにも気づけるでしょう。どんな小さなことにも喜びを見いだせるようになるので、結果的に豊かで穏やかな人生を送れるようになるはずです。

僕がこの本で一番伝えたい「恩送り」を行うためにも、人や万物への敬意が欠かせません。とはいえ、不安材料やストレスの多い現代社会では、ネガティブな感情に支配されやすいのも事実。常にすべてのことにありがたみを感じ、その気持ちを維持するのは実際とても難しいですよね。だからこそ、自分の器を広げる必要があります。**広い器を持つことで、たとえストレスやネガティブな感情にさらされたとしても、感謝する心の余裕を残すことができるからです。**

三つの感謝をリストアップ

では、器を広げるにはどうしたらいいのでしょうか。ここでは、僕がまだ二十代だった頃に、メンターから伝授された**「器の広げ方」**をシェアします。

メンターは「三つの感謝をしろ。その結果、俗に言う『器』というものが大きくなるんだ」と、教えてくれました。メンターいわく、「**三つの感謝の一つ目は、過去の振り返りに始まる。**過去にさかのぼれば、多くの人にさまざまなものを与えてもらってきたはずだから、すべて残らずリストアップしてみるべし」とのこと。聞いた時点では、過去に与えられたすべてを洗い出すことで、なぜ器が広がるのかは理解できていませんでした。ですが、「この人」と決めたメンターの教えは素直に実践することにしていたので、まずは過去を思い返してみたのです。

生まれた時までさかのぼると、最初の感謝の対象は僕を産んでくれた母親でしょう。育ててくれた父親や祖父母。取り上げてくれた病院の先生。小学校に始まり学校時代にお世話になった先生方。友達のみんな。挙げてみるとかなりの数になりました。ここまで成長できたのは、ご飯を食べさせてもらい、日々安全に守ってもらったからこそ。母親が食事を毎日作ってくれたことや、入院したときに毎日お見舞いに来てくれたこと。父親は毎日仕事をして家族を養いつつ、休日には動物園にも連れて行ってくれたこと。ありがたさを感じることが次々と浮かびました。

なんとか過去の分は書き上げたと告げると、メンターは続けて、**「二つ目は、現在だ。今まさに与えられているものすべてをリストアップしてみること」**と言いました。

現在のことととなれば、これまた山のようにあります。それなりに友達も多いし、会社の社長や取引先の人、大事なお客様。そして、彼女。家を貸してくれている大家さん。着ている服を作ってくれた人。履いている靴の職人さん。空気や水といった恵みを与えてくれる地球。こんなふうに考え出したら、キリがないほど。かなり時間をかけて、思いつく限りをリストアップしました。

いよいよ最後です。「一番大事なのは三つ目だ。これをやると、器が一気に広がるぞ。**三つ目は、今後の未来に与えられるであろうものすべてに、あらかじめ感謝しろ」**とメンターは言うのです。「今から死ぬまでの間に与えられるものは、なんとなく予想がつくはず。例えば、近い将来に独立して社長になるとして、まずは何人かのスタッフに来てもらう。いつか来てくれるスタッフに、先んじて感謝しておくこと。自分の会社に仕事をくれる取引先や、お客さんになってくれる人。結婚相手や、いつか自分のところに生まれてきてくれる子ども。自分がこの先に出会うであろうたくさんの人たちを想像して、今から感謝しておくべし」とのこと。

「この過去、現在、未来に感謝する量が多ければ多いほど、人の器は広がる」というメンターの言葉によって、おぼろげながらも「人の器」とは何かがわかった気がしました。

「誰かが何かを投げかけてくれたとしても、人としての器が小さければ、たいした量は受け取れない。いつまでも小さいままだったら、やがて誰も何も投げてくれなくなってしまう。なぜなら、いくら投げても、もう受け取る余力がないと判断するからだ。だけど、三つの感謝を心がけて、どんどん器を広げたなら、教えたいこと、やらせたい仕事、チャンス、人脈、まだまだたくさんあげたいものがある。だから、早く器を広げてきなさい」

メンターの言葉を聞きながら、僕の中には熱い何か、いわば情熱の火種みたいなものがポッと灯ったことを今も覚えています。

メンターからは、その後、また別の機会に「**成功している人は、『感謝力』が高いし、『感謝量』も多い。**かといって成功したから感謝力が高まるわけではないし、感謝量が増えるわけでもない。元々、感謝力と感謝量が多いからこそ成功する。それが人の器というものだ」と教わり、感謝することの大切さ、人の器の意味、成功するべくして成功する人の器量について腑に落ちました。

感謝力を上げると、尽くされる力も増える

前述の「感謝力」や「感謝量」の話に関連して、僕なりの気づきがあります。どんな業界でも、成功をおさめる人や称賛されるような結果を出す人は、**「尽くされる力」**が備わっていると感じています。たくさんの人に尽くされる人は、どんなときも、どんなことでも良い結果を出せるものです。

では、尽くされる人になるには、どうすればいいのか。そこはやはり「感謝すること」につながっていきます。たくさん尽くしてもらうには、すなわち「感謝力」を上げればいいのです。ことあるごとに「ありがとう」を伝えて、感謝する頻度を増やすこと。その対象範囲も、どんどん広げること。まずは、家族や友人など近くにいる人に始まり、次には少し遠くにいる人、やがてもっと広範囲へと広げていくわけです。「この人のおかげ。そして、あの人のおかげ。こっちの人も、あっちの人も。応援してく

れた人、支えてくれた人、すべての人」へと、対象範囲を広げ続けていけば、それに伴って尽くしてくれる人も増加するでしょう。

成功を手に入れて、称賛を浴びることができたのは当たり前ではないし、ましてや自分一人の力で出せたものでもありません。そのことを常に意識して、周囲の人に礼を尽くし「感謝力」を上げていけば、比例して周りから尽くしてもらえる「尽くされる力」が増加します。その結果が、次なる成功につながるという連鎖なのです。

そばにいる人や、いつも顔を合わせる人には、言葉で直に感謝を伝えればいいでしょう。でも、遠くにいる人や見えないどこかで応援してくれたり、支えたりしてくれる人には、どうやって伝えたらいいのか。それは、良い結果を出し続けることです。出した結果を見てもらうことこそ、応援や支援に応えた証だと言えるでしょう。「あなたのおかげで、こんな素晴らしい結果を出すことができました。あなたの応援や支援が、実を結んだ結果をどうぞ見てください」と。

全力で受け取ることで新しい道が開ける

人から何かをお願いされたとき「自分には無理」「レベルが高過ぎる」と、すぐに断ることはありませんか？　実はそれ、大きなチャンスを逃しているのと同じなんですよね。僕は「あげまん講座」というオリジナル講座を開催しています。講座のきっかけは、知り合いからの依頼を軽い気持ちで受けたことでした。現在、この講座は僕の主要ビジネスのひとつになっています。

「あげまん講座」の始まりは、今から8年ほど前のこと。知り合いのエステサロンのオーナーから、恋愛相談に乗ってほしいと頼まれました。「たいしたアドバイスもできないけれど、話ぐらいだったら聞くよ」という感じで、時間を作って彼女のサロンに行きました。

ところが、いざ行ってみると僕が思っていたのとはまるで様子が違いました。サロンには、すでに20人ほどの女性がいて、隅に置かれたホワイトボードには「あげまん講座／講師：若山陽一郎」と書いてあります。サロンオーナーが言うには、お客様に呼びかけたら「私も恋愛相談がしたい」と、あっという間に集まったのだとか。

オーナーは「みなさん、〝あげまん〟になりたがるので、そういうテーマでぜひ話してください」と言うのですが、僕にしてみれば無茶振りもいいところ。けれど、もう引くに引けない雰囲気だったので、仕方なく僕の経験からそれっぽいことを話すことにしました。2時間ほど話したはずです。話の内容の良しあしなど考える余裕もなかったし、本音は何とかこの場をしのいで早く帰ることだけを考えていました。

ところが終わってみると、参加した方から「この話が聞けて良かった」「次の予定はいつですか？」と、予想外の反響があったのです。僕はうろたえました。なにしろ僕の本業はリサイクル業で、セミナー講師ではありませんから。「実は今日のはアドリブで話した内容なので、次の講座の予定はありません」と答えると、みなさんが残念がってくださり、「それなら私が主催するので、ぜひ開催してください」と言い出す人が。圧に押し切られるようにして、後日また別の場所へ呼ばれたのです。当日、会場にはすでに50人ほどの男女がいて、中にはご夫婦で参加してくださっている方も。それが、現在やっている「あげまん講座」のきっかけでした。

全国から呼ばれる「あげまん講座」

「あげまん講座」は、僕自身の経験に、独自で学んだ心理学を融合させたメソッドで、常に最新の時流に沿いつつ、独自性に富んでいると自負しています。

初期の頃は、無料講座として開催していました。そもそも、お金をいただこうとは考えていませんでした。けれど、年間の開催数が30回を超えると、さすがに僕も「交通費くらいもらわないと厳しいな」と感じるようになり、参加料金をいただくことにしたのです。不思議なことに、有料になっても依頼は減るどころか、むしろ増加しました。もちろん、お金をいただくからには、きちんとビジネスとして引き受けるスタンスになり、内容もしっかりとブラッシュアップしています。

今では、日本各地からオファーをいただくようになり、開催数は増える一方です。多いときは、年間で70講座ほど開催した年もありました。開催するたびに新たな主催者候補が現れるので、輪がどんどん広がるのです。**毎回、ほぼ断らずにお受けしてきた結果、この8年間で開催総数は500回にのぼります。**途中からは、企業研修として取り入れたいという会社も出現し、実際に企業の研修メニューとしてのご依頼も。これまでの受講者は累計で5000人以上にはなっているはず。エステサロンオーナーの恋愛相談に乗るはずが、ここまで拡大するとは夢にも思いませんでした。

人間関係を見直すきっかけに

この「あげまん講座」が、なぜここまで広がったのか。僕なりに考えてみました。おそらく、**利益度外視で、目の前の人の困り事の解決に役立ちたい思いがベースにあったからではないでしょうか。**

これまでに講座に参加してくださった方から、「講座のおかげで、離婚しなくて済みました」「講座を聞いて、彼氏ができました」「講座を受けたら、彼氏からプロポーズされました」といった、うれしい感想や報告がたくさん届きます。

人間関係は、難しいもの。僕だって、今でも悩みは尽きません。身近な人たちとのパートナーシップの問題を、真摯に受け止め、わかりやすいメソッドとして講座に反映しているからこそ、多くの人が共感して、口コミで広めてくださっているのでしょう。

僕がここで最もお伝えしたいのは、**人から何かをお願いされるのは、「あなたにはそれができる可能性」があると、相手に思われているからだということ。**僕の場合で言えば、恋愛相談に限らず誰に対してもいつも夜遅くまで相談事に付き合っていたことをサロンオーナーは知ってくれていました。だから、僕には「できる可能性がある」と思ってくれたのでしょう。

お客様から投げかけられたこと（要望とか質問とか相談など）は、全力で受け取ってください。「この人だったら、ちゃんと受け取ってくれる」と思ってもらえたら、その先のサービスや商品も「この人から買いたい」という心理につながるはずです。「あげまん講座」の中でもお伝えしていますが、与えることだけではなく、まずは受け取ることができる人になりましょう。人間関係でも、ビジネスでも、これは重要なポイントです。

人に応援されたければ先に応援する

人生には、人に応援してもらいたいと願う局面が何度か訪れるものです。**いざというとき、人から応援してもらいたければ、自身が先に他者を応援しておくことが最も有効です。**ここからは、僕の初めての著書『ラッキーマン～何者でもない僕が、何者かになる物語～』を出したときの、驚きの恩送りエピソードをご紹介しましょう。

自伝なんて売れるわけがない？

出版は決まったものの、「初出版で、しかも自伝。大成功しているわけでも、有名人でもない、ただの地方の中小企業の社長の本。それって売れるの？」と、周囲の人からは嘲笑交じりに言われていました。出版社の社長との偶然の出会いによって初出版のチャンスをもらっただけで、最初から期待値は低かったのです。本屋の棚で見かけたとしても、「きっと買わないだろうな」と僕自身でさえ思っていました。

ところが蓋を開けてみれば、まさかの大化け！　発売当日、アマゾンのカートが開いた瞬間から、たった40分で800冊が完売。瞬殺で「カート売り切れ」になってしまい、「どうして買えないの？」と問い合わせが殺到しました。発売当日は800冊で止まったものの、入荷待ちが増え続け、次の日からは売れに売れました。すぐ重版出来《じゅうはんしゅったい》。その勢いで各書店の取り扱い冊数も増加。どうして、こんな奇跡のようなことが起こったのでしょうか。前評判が散々だった僕の初出版を救ってくれたのは、**「応援の力」**だったのです。

僕は出版が決まると同時に、自分のFacebookに「自伝本を出します。無名の僕だけど、自分の人生経験を通じて多くの若者たちに夢と希望を伝えられたらなと思い書き上げました」と投稿しました。すると、それを見たFacebookつながりの人たちが「若山さんの初出版を応援するよ！　みんなでたくさん買って、いろんな人に配ろう！」と、声を上げてくれたのです。そして、いつの間にか「若山本をアマゾンで一位にすること」を旗印にしたFacebookグループができていました。グループには「以前、若山さんにお世話になった」という人たちが次々と参加してくれて、やがて450人もの大所帯になったのです。

折しもコロナ禍で、生活に苦慮する人が増加し始めた頃。「本を買ってくださ い」なんて、声高に言っていいのだろうかと気後れしていた僕にとって、応援のFacebookグループは、心強くてありがたい存在でした。

「コロナの影響で行動が制限されて、寂しくてつまらない日々だった。本の応援というお祭り騒ぎに参加できて、久々に楽しい！」「若山さんの本をアマゾンで一位にするという目標を達成して、みんなで喜びを分かち合いたい！」そんな応援グループから届くメッセージに、僕は大いに励まされ、勇気をもらいました。

発売前は、アマゾンに置ける在庫は50冊だけだと出版社に言われていました。ですが、応援グループのメンバーだけでも450人いるわけです。僕は、出版社に「たった50冊ではアマゾンの在庫が足りません。もっと在庫を置いてください」と掛け合いました。しかし、出版社からは即答で「無理です！」と返ってきました。「何を根拠に売れると思うのですか。著者は誰もが、『必ず売れます』と言うけれど、結果的に売れた試しがないんですよ。アマゾンの在庫を増やしたあげく売れなかったら、尻ぬぐいするのは私たちなんですよ」と、取り付く島もありません。

そこで僕からも、「Facebookの応援グループが450人規模なのですが、これが説得材料にはなりませんか」と食い下がりました。出版社は「では、100冊置きましょう」と、ほんの少しだけ譲歩してくれたのです。ですが、100冊ぐらいでは、アマゾン一位にはとても届きません。すると応援グループのメンバーが、「みんなで、一人何冊買うかのリストを出そう」と言ってくれました。「私は10冊、僕は5冊、僕は20冊……」とリスト化したら、合計で750冊にもなったのです。その数字を見せて、僕は「1000冊置いてほしい」と、再び交渉。すったもんだの末、渋々ながら800冊を置いてくれることに。出版社からは、「これで売れなかったら、若山さんが責任を取ってくださいよ」と、厳しい声で釘を刺されました。

そして迎えた販売初日。結果は前述の通り、どうせ売れ残るだろうと思われていた800冊が、瞬く間に売り切れたのです。

人を応援することで、自分自身の限界も突破できる

この体験から僕が学んだことは、応援されるためには先に応援をしておくことがいかに重要かということ。人生には、どこかで必ず人の手を借りたいときが訪れるもの。そのときのために、常日頃から自分も人を応援しておくといいですよ。

10年ほど前から、僕もたくさんの著者のアマゾンキャンペーンに参加して、一位を

とるお手伝いを最前線でしてきました。ほかには、クラウドファンディングで、目標額を達成する支援も。応援をして良かった点は、自分よりすごい人たちが目標を達成する姿を目の当たりにできたこと。そういう経験をすると、**自分の限界も一段上がる気がします。**アマゾンで一位をとったり、高額の資金提供をしてもらえたりする人が身近にいることは、いい刺激になります。自分自身のことではなくても、**応援した人と達成感を共有できるだけで、自分の限界を突破するいい機会になるはずです。**

初出版のチャンスを得て、僕は応援される立場になりました。応援グループ450人の力によって、アマゾン一位という目標を達成でき、大ヒットにもつながりました。今でも僕は、あの応援グループを大切にしています。例えば、何かいいことがあったときや、まだ表に出せない新情報があるとき。最初に伝えるのが、Facebookグループのメンバーです。あのときに応援してもらった感謝を絶対に忘れないためにも、大切にし続けようと決めています。

応援することは、会いたい人、憧れている人とつながる最強かつ最速の方法

もうひとつ、誰かを応援することのメリットをお伝えしましょう。僕はこれまで、何人ものベストセラー作家の出版応援グループに入ってきました。応援している作家の本が出るたびにまとめ買いをして、それを可能な限り多くの人に広める、援護射撃的な周知活動を何度もしてきたわけです。そうすると、必ずと言っていいほど作家さんたちが、僕の存在に気づいてくれます。「いつも応援ありがとう」と言って、それを機にいろいろな場所に誘ってくれたり、周りの人たちを紹介してくれたりするのです。こうして、毎回のようにうれしいご縁が発展していきます。

この経験から、会いたい人や憧れの人とつながるのに最強かつ最速の方法は、「応援すること」だと僕は確信しています。応援団の最前線に立って全力で応援していれ

ば、かなりの高確率でご本人の目に留まるはず。大切なのは、声を出して熱意をアピールすること。ここで言う「声を出す」というのは、作品についてネット上にレビューや感想を投稿するという意味です。具体的には、ほかのファンと感想を共有したり、各種SNSに投稿したり、ブログ記事にコメントしたり、書籍販売店や評価データベースで評価やレビューを残したりすること。また、ご本人に直接メールで感想を送ることも忘れないでください。

応援活動で最も重要なことは、応援対象のご本人に「自分が応援されている」と実感してもらうことです。新刊が出るたび、あるいはセミナーやイベントを開催するたびに全力で応援し続けていれば、あなたが熱烈なファンであることをきっと認知してもらえます。ぜひ、試してみてください。

成功している人に共通する引き寄せの法則

僕の周囲を見渡すと、成功している人に共通する「引き寄せの法則」があることに気づきました。**この法則は二つの条件から成り立っていて、条件の一つ目が「強く望み、イメージすること」。二つ目の条件が「自分から先に与えること」です。**

僕が知っている成功者はみんな、この法則に当てはまっています。一人の例外もない事実には、今さらながら僕も驚くばかりです。ここからは、成功するために不可欠な「引き寄せの法則」についてお伝えします。さらに後半は、引き寄せるためには「いつ、何を、どんなふうに、相手に与えればいいのか」などの具体例を紹介します。

いまひとつピンとこない人もいるかもしれませんが、僕たちが生きるこの世界に確かに存在している法則なのです。

「引き寄せ」の正体とは

僕が「引き寄せ」という言葉を初めて目にしたのは、おそらく15年ほど前だったと思います。その後、さまざまな媒体で「引き寄せの法則」「望む未来を引き寄せる」「運命の出会いを引き寄せる」「金運を引き寄せる」「引き寄せ体質」「引き寄せ行動」など、たびたび出現して、いまや「引き寄せ」は、すっかり市民権を得ました。

正直なことを言うと、最初は僕自身も「ちょっと、うさんくさいな」くらいに感じていました。物理的に何かを引き寄せているのを目にすることはできませんし、理論と実験によって客観的に証明することもできません。科学的なエビデンスにも乏しいし、耳障りこそいいけれど、何だかふんわりしたフレーズだなと感じていたのです。

ところが、たくさんの成功者と出会う中で、**「引き寄せの法則」が成功者の共通項**

だとわかってきました。トリガーになったのは、たまたま二人の成功者が同じような過程を経て成功していることに気づいたこと。「この二人、成功までのヒストリーが同じだ。面白い偶然だな」と。

そこから、好奇心で二人の成功者の経歴やブレイクのタイミングなどについて片っぱしから検証と考察をしてみたのです。最初は半信半疑で、仲間探しゲームの感覚というか、軽いノリだったのは否めません。ところが、5人、10人と検証を重ねるごとに、あまりにも類似の結果が並ぶので、遊び半分の気持ちは吹き飛んでしまいました。

極めつけは、僕自身が成功やステージアップを実感するたびに、無意識で「引き寄せの法則」を用いていると認識したことです。これはもう確信するしかありません。それからは意図的に成功を引き寄せる行動をとるようになりました。

「引き寄せ」や「引き寄せる」という言葉を、スピリチュアル的、あるいは霊的なニュアンスとして捉える人も少なからずいるでしょう。「なんか、怪しい」「ちょっと怖い」

と感じたり、「それって、超常現象なんじゃないの」と考えたりする人もいるかもしれません。確かに、目に見える実体がないというだけで、怪しいかもしれませんね。**「邪悪なものが取り憑く」や、「災難が続く」などの現象も、実は引き寄せの法則に起因しています。**引き寄せるの意味は、「自らたぐり寄せて、自分のほうに引きつける」なので、引き寄せ対象にネガティブなものも含まれて然りです。

ですが、僕がみなさんに伝えたいのは、もちろんポジティブなこと。成功、幸福、豊かさ、などを手に入れるための法則です。**自分に引き寄せられるのは、自分自身が手に入れたいと望み、イメージしたものだけ。**欲しがってもいないし、イメージしたこともないものを引き寄せることは決してありません。

例えば、新しい車が欲しいと考えていると、やたらに車のＣＭばかりが目につくようになる。そろそろ家を建てようかと考え始めたとたん、急に不動産広告が増えた気がする。**これらの現象は、心理学用語で「カラーバス効果」と呼ばれています。**「自分が強く意識したものに関する情報を自分の脳が勝手に収集する」というもので、まさしく引き寄せの正体なのです。この章の冒頭で示した「強く望み、イメージすること」という、一つ目の条件がこれに当たります。ここまでで、「引き寄せの法則」とは怪しいものではなく、心理学分野に属するお話だとわかっていただけましたか？

あなたが望むものを引き寄せたいなら

ここからは、「引き寄せの法則」を構成する二つ目の条件である「自分から先に与えること」についての考察と、僕が実践している具体例をお伝えします。

成功や願望の成就など、何かを手に入れたいと望むなら、まずは自分から先に何かを差し出すべきです。お客様のニーズをきちんと把握して、それにしっかりと応えるのも、自分から与えることになります。**先にお客様を満足させてあげることは、回り**

回って自分のビジネスを育て、ひいては成功することにつながります。この考え方はビジネスだけでなく、あらゆることに通じます。難しく考え込まず、「まずは先に与える」という鉄則を守ってください。

最後に、僕にとって欠かせない引き寄せアイテムを紹介します。それは、岐阜県美濃市にある『山根 和紙の店』で取り扱っている通称「ハッピーセット」。友禅和紙を素材とし、「花鳥」と「平安絵巻」の二つの図柄が、幸運をもたらし不幸を追い出す縁起の良い絵として、経営者やセールスマンの間で評判になり、いつの間にかハッピーセットと呼ばれるようになったようです。

僕は、これを買って部屋に貼ってみたところ、すぐに現在の妻と出会い、お付き合いが始まりました。それ以来、ハッピーセットをまとめ買いし、会う人会う人に配っています。

過程を共有してプロセスを見せていく

ここ数年よく聞く、**「プロセスエコノミー」**という言葉をご存じでしょうか。その意味は、**「商品やサービスが完成するまでの過程を見せることで一体感を生み、商品やサービスの価値を上げること」**です。プロセスエコノミーの対義語として、アウトプットエコノミーという言葉があります。こちらは、完成品に値をつけて提供することで、従来の販売手法です。

僕が運営する次世代のリサイクルショップ「リ・スクエア バナル」(以下、バナル)は、プロセスエコノミーの考え方に基づいて誕生しました。バナルを作るにあたっては、立派な倉庫を借りてきれいにディスプレイしようという気は最初からありませんでした。「ゼロから新しいこと始めます」と公言して、何もないゼロベースから、少しずつ形になる行程を開示することにしたのです。

バナルのプロセスエコノミー

手始めに、「僕は今、人生の分岐点に立っています。だからこそ、何か新しいことを始めようと思い立ちました」と、SNSに投稿しました。すると、「何をやるんだろう?」「新しいことって何?」と、ザワザワし始めたのです。

その後、「僕が生業としている不用品回収業の価値をさらに引き上げるため、一生懸命がんばってきたスタッフが、この仕事に誇りを持てるようにするため、僕はリサイクルショップを新たに始めます」と発表。これが「ストーリー」の始まりでした。

この発信をきっかけに、今まで僕を知らなかった人も興味を持ってフォローしてくれるようになり、「ストーリー」を見守ってくれる人が徐々に増加。「こんな倉庫を借りました」と、空っぽで古びた倉庫の写真をアップし、「今から、この倉庫で新たなビジネスを始めていきます」とつぶやきます。その都度、SNSを見ている人たちも一緒にワクワクしてくれるという連鎖反応が起きました。

続いて、「僕が作ったリサイクルショップは、今までの常識をくつがえします！」と発信。倉庫を借りた瞬間や、店の名前をみんなで考えている風景……、それに「新しい命を吹き込む」という概念から、BANUL（BREATHE A NU LIFE＝新しい命を吹き込む、という言葉の頭文字をとった造語）を使って、店名は**「リ・スクエアバナル」**に決定したこともすぐに発信しました。ロゴも、完成と同時にコンセプト付きで公開し、すべてを包み隠さずプロセスを見せ続けたのです。

途中からはInstagramも併用したほうがより拡散されると考えて、アカウントを開設しました。Instagram上には、「今日は、店の壁を貼っています」「今度は、床を塗っています」「昨日は、こんな家具が入ってきました」「ホコリまみれのアンティーク家具をお手入れしたら、こんなにきれいになりました」と、リアルな情報更新を何カ月にもわたって公開し続けました。そして、「開店当日はキッチンカーも呼んでいるので、ぜひ遊びに来てください」と、Instagramで大々的にオープン告知。

いざ、オープン当日。どうなったかというと、初日に300人が来てくれたのです。まだ、ほとんど知られていない、生まれたばかりの地方のリサイクルショップに300人が来店してくれた事実に、僕自身が驚きました。

オープン後は、来店してくれた人が「スマホ越しに見るより、生の現場はもっと面白い」「こんなの今まで見たことない。すっごく新しい！」「まさにワンダーランド。一見の価値あり」とシェアしてくれる人が続出して、スタートダッシュは大成功だったと言えます。倉庫を借りたのが2月で、オープンが6月。その間およそ4カ月のストーリーを包み隠さず見せてきたことが、功を奏したのでしょう。これこそ、プロセスエコノミー効果だと、自分では思っています。

『リ・スクエア バナル』の店内にて

プロセスエコノミーの最大の効果は、連帯感

プロセスを共有することの大きなメリットは、完成品が世に出る前から、たくさんの人の応援や関心を集められること。そして、僕にとって発信することの何よりのメリットは、フォロワーと一緒にショップ作りをしているような「連帯感」があったこと。

当初、バナルの立ち上げはスタッフ数人に手伝ってもらいながら基本は僕一人でやっていました。そのため、本来なら作業途中で、「これで大丈夫かな」「何が正解なんだろうか」「強度はこれで十分かな」と、たびたびつまずいたはず。しかし、SNSで発信していたおかげで、有益な情報やアドバイスがもらえ、とても助けられました。一人で作業しているのに、プロセスを共有する仲間の存在があったから、少しも寂しくなくて心強かったです。

プロセスエコノミーの手法を取り入れた成功体験は、初めての本を出すときにも役

に立ちました。出版が決まったところから途中経過を発信して、多くの人と共有したのです。「スランプで、原稿が全然書けません」と、弱音も吐きました。「本のタイトル案を募集」とアンケートを募って、確か20案ほど投票してもらったはずです。結局、「ごめんなさい。全案とも出版社に却下されちゃいました」と、残念な報告になってしまいましたが（笑）。「表紙のデザインは、急きょ息子に描いてもらうことに決定」「今、息子が描いています」と発信したときに、「いいね！」とリプライでタイムラインがあふれたことは今も忘れられません。

発売日前に見本が送られてきたときも、段ボールを開梱するところから「あー、ドキドキするー」と、ライブ配信。想定以上に売れ行きが良かったのは、本を作る過程を共有した効果も大いにあったはずです。

バナルのオープンから7年。お店の誕生から今日までのプロセスを共有する人たちは、「子どもの成長を共に見守るファミリー」という気がして、感謝しかありません。

第5章

ダメな恩送りと良い恩送り

第4章では、誰にでもできる恩送りの考え方、引き寄せの法則についてお伝えしました。すべては僕が一番お伝えしたい「恩送り」につながっているのですが、ここでは恩送りにもダメなものと良いものがあることを伝えます。

失敗するギバーと成功するギバー

人間の思考や行動は、「ギバー」「テイカー」「マッチャー」の三つに分類されるそうです。アダム・グラントという心理学者が書いた『GIVE & TAKE「与える人」こそ成功する時代』（三笠書房）という書籍に載っています。ギバーとテイカーのことは、僕もすでに知っていたのですが、マッチャーの存在は、この本で初めて知りました。

「ギバー」「テイカー」「マッチャー」の割合として、ギバーは全体の25％、マッチャー56％、テイカーが19％なのだとか。**ギバーとは、見返りを期待せずに自分の時間やアイデアを相手に惜しみなく与えられる人のこと。**相手が何をしてほしいのかを常に考えて、応援したり手伝ったりするのがギバーの特徴です。

そんなギバーの対極がテイカーで、フォーミー（自分のために）の精神が強いのが特徴です。みなさんの周囲を見渡してください。常に人から何かを奪ってやろうとか、どうすれば得をするかとか、自分の利益だけを考えているような人がいたら、テイカーだと思って間違いありません。うっかりテイカーに関わると、ひたすら吸い取られてしまいます。なにしろ相手は、とことん奪い取ろうという思考ですから、経済的にも精神的にも破綻してしまう悲劇も起こりかねません。「なんか変だな」と感じたら、すぐにでも離れたほうが良いでしょう。

では、**一番多いマッチャーはと言うと、ギバーとテイカーの中間タイプです。**人に何かしてもらったら、こちらも同じだけ返そう。何か迷惑をかけてしまったら、お詫びに代えて物を渡すことで帳消しにしてもらおう。というふうに損得のバランスを考え、相手とイーブンの関係でいようという思考で動くのがマッチャーです。

このタイプ分けを知ったとき、僕自身は典型的なマッチャーだなと即座に思いました。自分だけがお世話になり過ぎているのは心苦しい。でも、こちらがしてあげるばかりだと気づくし、「僕は何も返してもらっていない」と、不服を感じることも正直ある。いかにもマッチャータイプですね。

同じ本の中に、「人生が豊かになり、成功する人のランキング」というのがありました。第一位は、予想通りギバーです。二位がマッチャーというのも予想通り。第三位もわかりやすくテイカーでした。ただ、その後に意外な結果が続いていました。最下位というのがあって、実はこれもギバーだったのです。一位がギバーで、最下位もギバー。「どういうこと?」と一瞬戸惑いますが、解釈を読んで納得しました。**ギバーには、「他者志向型ギバー」と「自己犠牲型ギバー」の二つのタイプがある**と説かれていたからです。

成功するギバーになるためには？

前者の「他者志向型ギバー」は、自分にも相手にも利益があり、両方とも幸せになるように動けるタイプです。まずは相手に与える。それと同時に自分も受け取る。要するにＷＩＮ-ＷＩＮであろうとすること。誰もが目指すべきは、この「他者志向型ギバー」なのは間違いありません。

後者の「自己犠牲型ギバー」に当てはまるのは、ボランティア活動で自分の身や心をすり減らしている人ではないでしょうか。他者に尽くすあまり、自分は損ばかりして、どんどん不幸になっていく人です。

一時期は僕も、会社のためや夢の実現にばかり意識が向いて、目の前にあるものを大切にできずにいました。その時期は、夫婦仲も親子の関係も良くなかった気がします。あるとき、「今の自分は、自己犠牲型ギバーになっているんじゃないか？」と気

成功するギバー

WIN-WINの関係を築く

- 価値の交換のほか、価値を増やすことも重視
- お互いに協力し合って、利益の総量を増やす

成功できないギバー

良い人で利用され搾取され続ける

- 頼まれ事を断れず、自分のことに集中できない
- 与えたことが認められず摩擦や燃え尽きが起きる

成功しやすい順

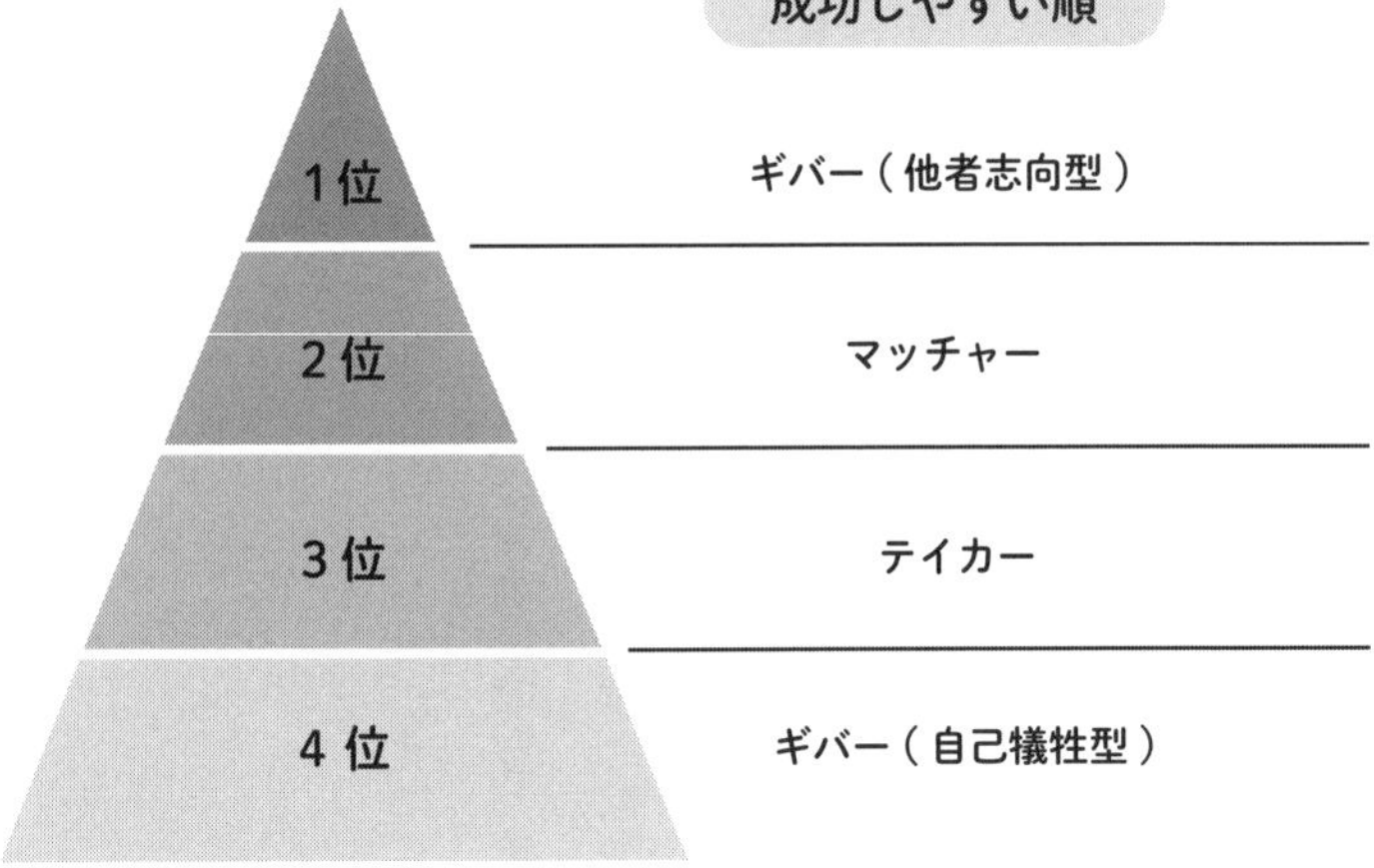

づくことができて、最悪の事態は免れました。社会的にはとても良いことをしていても、自分自身が困窮しているようでは意味がありませんね。

同じギバーなのに、一方は幸せで豊かになれて、もう一方は不幸で貧しくなる。その境界線はどこにあるのでしょうか。僕の経験から思うに、人のために奉仕したり、他者を応援したりすることが、自分の喜びになっているなら大丈夫。でも、他者のためにがんばることに少しでも負担を感じるなら、それはもう境界線を越えています。

境界線を越えたら、無理をしてはいけません。ギバーであれば、幸せで豊かになれると思い込み、ひたすら与えるのは危険過ぎます。相手ばかりでなく、自分自身のこともきちんと大切にすることが重要です。

自己犠牲ばかりでは、いずれ物心共につらくなるのは必至。よく見かけるのが、「お礼をしたい」「対価を払う」という申し出を固辞する人です。良い人になり過ぎるあまり、「お気持ちだけで十分です」と、受け取らないパターンですね。

前述しましたが、僕も「あげまん講座」を始めた当初は無償でやっていました。無償なのに時間や労力は使うわけで、本来やるべき仕事に支障が出るようになったのです。やがては収入そのものが減ってしまって、完全に本末転倒だと気づきました。良いことをしているという心の満足度は上がっても、自分や家族、抱える社員たちに悪影響が及ぶのは、やっぱり違います。それで有料講座に切り替えて、対価にふさわしい内容にブラッシュアップしていきました。

他者志向型ギバーの理想的なお手本として、僕の脳裏にすぐ浮かんだのが、『瞬読』で有名な山中恵美子さんです。恵美子さんと言えば、常にいろいろなところで他己紹介をしていて、またその人の魅力を伝えるトークが素晴らしいんです。同時に人と人の縁をつなぐのがとても上手で、恵美子さんによるマッチングから生まれた新規ビジネスやプロジェクトは数知れません。実は僕もその恩恵を受けている一人です。

では、他人への奉仕ばかりかというと、そうではありません。ご縁つなぎの過程で、きちんと自分の利益も確保できていることが素晴らしい。自己アピールはせずに他己紹介に徹している恵美子さんを見た人が、違う場所で恵美子さんのことを紹介している。そんな良い循環ができています。他者志向型ギバーのお手本だと思いませんか？

恵美子さんが他者志向型ギバーの代表だと、身をもって実感した経験が僕にもあります。僕が恵美子さんに会いに大阪へ行ったときに、恵美子さんが自分一人で会うのはもったいないと、音頭を取って大勢の人を集めてくれたのです。おかげで、その場でさまざまなご縁がつながり、新たなビジネスの企画もたくさん生まれました。

さらに恵美子さんの素敵なところは、こちらの感謝の言葉やお礼の印を全力で受け取ってくれるところです。それはもう全身全霊で「うれしい～！　ありがと～！」と、喜びを表現してくれます。そんなふうに受け止められたら、こちらもさらに感激するわけです。もはや、これ以上ないほど理想的な他者志向型ギバーだと思います。

ピンチをチャンスに変えて手渡す成功者

「ピンチはチャンス」
「チャンスはピンチの顔をしてやってくる」
「チャンスの神様は前髪しかないから、早くつかめ」

チャンスにまつわる言葉はいくつもあるし、たびたび耳にすることでしょう。言い継がれてきたことは、確かにその通りだと僕も納得しています。ただし、真意をはき違えるのは危ないとも感じているので、それについてお伝えします。

楽観的過ぎたり、度を越したプラス思考だったり、けっこうなピンチをチャンスの前触れだと思い込んでいると、悲惨なことになりがちです。結局、ピンチが本当にピンチのまま、人生が終わってしまうこともよくあります。ピンチがいつの間にか自然にチャンスに変化するという、そんな都合のいいことは絶対にありません。

まず、ピンチはあくまでもピンチなのだと、しっかり認識することが大切です。その上で、正しい対処をしてピンチを脱してから、その経験を次に活かすことでチャンスにつながると考えましょう。一番良くないのは、ピンチの渦中にいるとわかっているのに、なんの手立ても講じずに放置している状態です。**追いつめられて、対処法を間違えると、ピンチは大ピンチになります。**もはや、わずかに残されたピンチ脱出の可能性さえ失ってしまいます。

ピンチを招いた自分から目をそらさないこと。**「ピンチに陥った経験を無駄にせずに、次なるチャンスに備える」という意識を持てた人が、結局は成功者になれるのではないでしょうか。**

絶望は神さまからの贈りもの

「ピンチはチャンス」という考え方よりも、人気ベストセラー作家ひすいこたろうさんの著書のタイトルにある『絶望は神さまからの贈りもの』という考え方が好きです。

この本の中で、ひすいさんは**「ヤバい、もう終わりだと追いつめられた状況にこそ、その人の本性や真価が表れる」**と書かれています。まさしく人生の真理です。

僕自身の人生にも、ピンチは何度も訪れました。一番遠いピンチの記憶は、子どもの頃に重病を患ったこと。病気のせいで、食事も運動も日常生活も、多くのことを制限されました。けれど、病気になったからこそ健康の大切さに気づけたし、結果として今はとても元気です。当時は大好きなサッカーを禁止されたことがつらかったけれど、そこで抑制されたエネルギーを次なる夢のダンスへの情熱に転換できました。

ダンサー時代にも挫折というピンチがあったからこそ、メンターと呼べる人と出会い、また大借金を抱えるというピンチに陥ったからこそ、不用品回収業という天職を見つけたのです。コロナ禍という未曾有のピンチが訪れたから、初出版というチャンスに恵まれました。振り返ってみると、**何度もピンチはあったけれど、その都度一歩前へ足を出してふんばったことで新たなチャンスにつながっているのは確かです。**

踏み込んだ言い方をするなら、自らのピンチ体験でお金を稼いでいる人が成功しているということです。失敗から得た知恵や経験値をセミナーで広く伝えたり、本に書いて出版したり、あるいは自社スタッフの教育に活かす形で次の人に渡しています。ここにも恩送りのひとつの形が存在するのです。つまり、ピンチをチャンスに変えた体験を独り占めしないことが、恩送りをする上で重要なマインドだと言えます。

まずは自分が輝くことが大事

子育てや社員教育において、相手を成長させようとがんばっても、うまくいかずに、はがゆい思いをすることは多いもの。**うまくいかない原因は、相手の成長ばかりを求めて、自分の成長を忘れていることかもしれません。**

子どもは親を見ています。生徒は先生を見ています。社員は社長を見ています。部下は上司を見ています。親自身が、先生が、社長が、上司が、それぞれ常に成長し、進化し、輝いている姿を見せること。それこそが、子どもにとって、生徒にとって、社員にとって、部下にとって、「生きた教科書」になります。

僕自身も二人の子どもの親なので、子育てに悩むことは多々あります。そんな**僕の**

心に深く刺さったのが、「居酒屋てっぺん」の創業者であり、いまや日本一のメンタルトレーナーと言われる大嶋啓介さんが講演会で話していた「大人が輝くと子どもが輝く。子どもが輝くと日本の未来が輝く」という言葉です。

まずは大人が輝くこと。その輝く大人が、未来を担う子どもに良い影響を及ぼすことで、日本の未来も輝くという教えは、僕の心の深いところに刺さりました。

要するに、**大事なのは輝かせる順番**だと僕は解釈しています。人はなぜか、遠いところから先に輝かせようとしがちです。家族や身内のことは後回し。ましてや自分自身のことなんて、最後の最後です。**正しい順番は、一番手前からと覚えておきましょう。一番手前とは、つまり自分自身です。**その次が家族、そして身内。会社においても同様で、まずは自分。それからスタッフや仲間。これが正しい順番なのです。

自分に優しくしよう

「輝く」という言い方がピンとこなければ、「優しくする」と言い換えます。**人に優しくする前に、自分にも優しくすること。**人にごほうびを与える前に、自分にごほうびを与えましょう。人に教えや学びを与えるよりも、先に自分が学ぶ姿勢が大切です。そして、自分をきちんと休ませること。旅行をしたり、おいしいものを食べたりして、自分を喜ばせましょう。そうしておかないと、本当の意味で人に与えることはできません。**自分自身が満たされた上で、器からあふれたものを人に与えていく。**これもまた、恩送りの概念に通じることなのです。

いつだったか、「子どもは一日に百回、大人に感動を届けに来る」と、聞いたことがあります。「本当にその通りだな」としみじみ感じます。子どもは、親にとめどなく報告に来る時期がありますよね。「ねえ、見て、見て！」「ねえ、ねえ、聞いて！」みたいな具合に。大人にとっては、さほど珍しくも面白くもないので、ないがしろにしたり、聞き流したりしがちです。忙しさにかまけて、子どもの話をきちんと聞かず、「後でね」とか「ちょっと待ってね」と、あしらってしまう。せっかく子どもが感動を届けてくれているのに、スルーしているわけです。それではいずれ、大人は自分に向き合ってくれないものと、子どもは失望するでしょう。

どうか、できる限り子どもと同じ視点に立って、同じ熱量で、感動を共有してあげてください。子どもはきっと喜ぶし、お父さんやお母さんの愛情の深さを感じとれるはずです。

この考え方は、そのまま会社にも置き換えることができます。スタッフのアイデアや提案をしっかり受け止めてあげる経営者やリーダーになれたら、スタッフの成長度合いやスピードがアップしないはずはありません。

そんな愛ある親や経営者になるには、まずは自分があらゆることに反応できる感受性を養うことが近道です。

例えば、何かの技術が以前よりもうまくなったとか、昔はできなかったことが今はできるようになったとか。たとえ小さくても、自分の成長や変化にいちいち気づいて、感動する力を養うように意識するところから始めませんか？　自分の成長に気づくことができれば、共に働くスタッフの成長にも気づくことができるはずです。そして、気づいたときは、言葉にして伝えてあげましょう。

自分も輝き、相手も輝く。これも、最高の恩送りです。

第6章

広がりを見せる恩送りサービス

この章では、個人としての動きではなく、企業やお店が行っている、「恩送り」に通じる活動を紹介します。コーヒーや本を媒介に見知らぬ人同士をつなぐ温かいコミュニケーションは、少しずつ各地に広がっています。

『自由丁』の「繋がる本棚」

『自由丁』というお店が、東京の蔵前にあります。一般的なカフェではなく、一年後の自分に手紙を書いて送ることができたり、自分の気持ちと向き合い、悩んだり考えたりするための場所と時間を提供してくれて、ドリンクも飲める。いわゆるコンセプトショップというジャンルのお店です。

その『自由丁』では、**「繋がる本棚」**という、実に独創的な「恩送り」の取り組みをされています。サービスの内容や利用者の様子について、店長の話をご紹介しましょう。

「繋がる本棚」は、シンプルに言うなら、**本の持ち主からの手紙入りの本と自分の本を交換できる本棚です。**基本的なシステムは次のような流れです。

①ご自身が本棚に置きたい本を一冊お持ちください。小説、雑誌、写真集など、持ち込む本の種類は問いません。
②店内の「繋がる本棚」から、持ち帰りたい本を一冊選びます。挟み込まれているお手紙にも目を通してください。お手紙の内容に惹かれて、本を選ぶ人も多いです。
③持参された本を、次に読むどなたかに宛てて、お手紙を書きましょう。用紙と筆記用具は店内にご用意していますが、事前に書いてきてもらってもかまいません。
④会計をお願いします。持ってきた本と、「繋がる本棚」にあった本との「交換料」として、一冊につき550円です。

たまたま、『自由丁』に立ち寄られた場合などは、持ち込む本を持っておられないこともあるでしょう。そんなときは、プラス550円（つまり合計で1100円）を支払うことで、好みの本を持ち帰ることができます。後日、ご自身の本を持ってきていただくと、お預かりしたデポジットをキャッシュバックいたします。

繋がる本棚

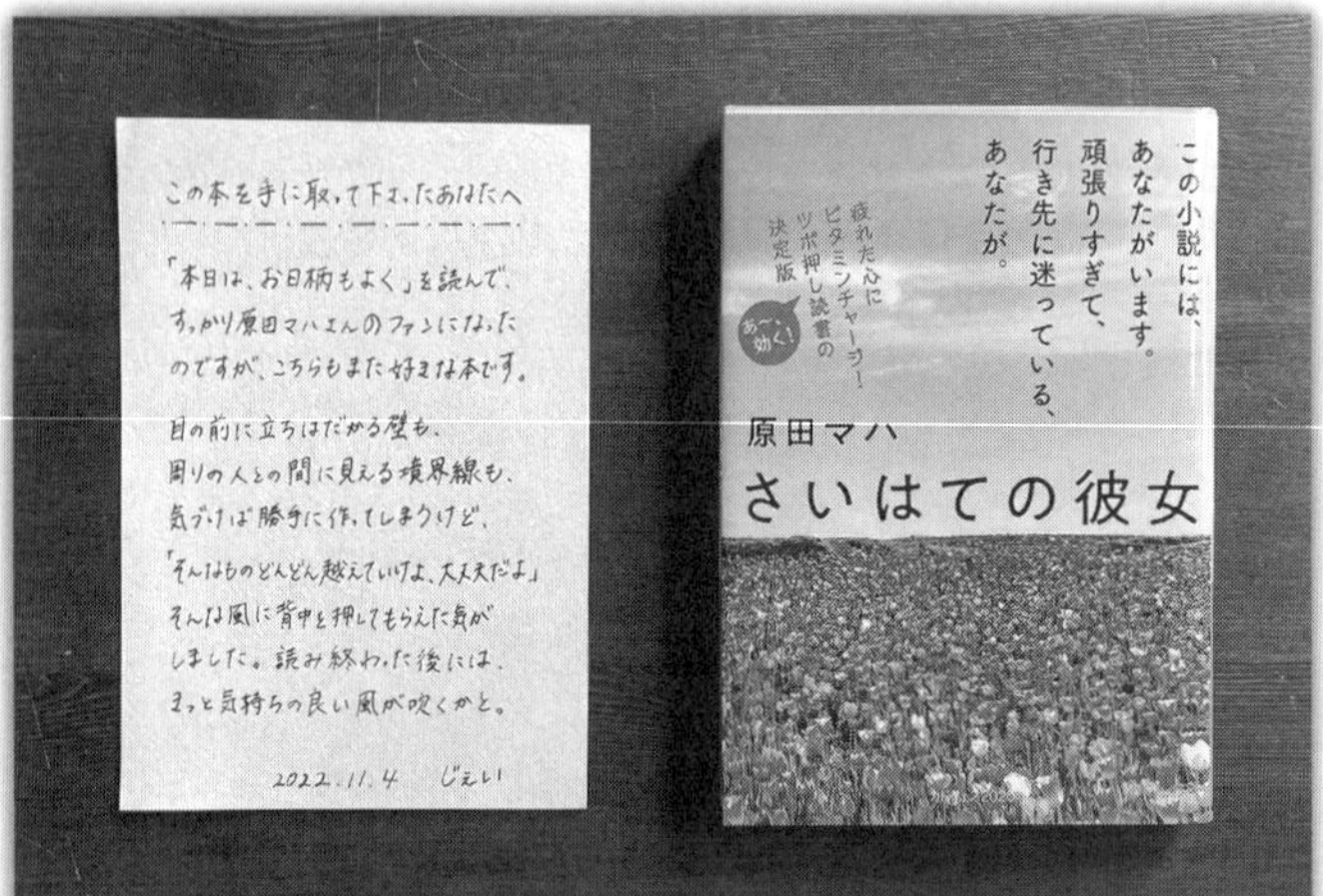

本に挟まれていた手紙。内容は、その本の好きな理由から、
どんな人に読んで欲しいかまでさまざま

本との一期一会の出合い

「繋がる本棚」は、あえて選書をしていないため、本棚に今日ある本が、明日もあるとは限りません。まさしく「一期一会」の一冊と出合う楽しみがあるわけです。

さまざまな方が、思い思いの本を持ってご来店くださいます。『自由丁』の「繋がる本棚」の存在を知り、「本のラインナップはわからないから、どの本と交換したいという理由ではなく、自分の本を入れたいから来ました」という方も多いのだとか。

どの本と、どの本が交換されたかを開店時から記録してあるので、ゆくゆくは本の交換履歴をWEB上で見られるようにしたいと考えておられるそうです。

店長の話を伺いながら、改めて『自由丁』のコンセプトが素敵だなと感じました。読み終わった本を誰かに読んでもらいたい。『自由丁』の「繋がる本棚」を通して、**人と人の思いがつながる仕組みもまた、恩送りそのものだと思います。**

『こはぜ珈琲』の恩送りカード

東京・早稲田にある**『こはぜ珈琲』**では、ポイントカードを介して恩送りが行われていました。店主の谷川隆次さんに伺った話を紹介します。

『こはぜ珈琲』では、その名もズバリ**「恩送りカード」**というポイントカードサービスを行っています。「恩送りカード」の見た目は、よくあるポイントカードの仕様なのですが、コーヒー一杯が1ポイントで12ポイント貯めると「コーヒー一杯プレゼント」の引換券となります。**このポイントカードがほかと違うのは、コーヒーのプレゼント先が「自分以外の誰か」という点です。**

カードには、『送り主』と「送る相手」を書く箇所と、さらにコメント記入欄があります。送る相手は、送り主（自分自身）が自由に決めていいのだとか。レジ横に設けられた掲示スペースには、さまざまな送り先のカードが貼られています。家族や友人など、具体的な名前でもいいですし、「ジーンズを履いている人」「映画が好きな人」「財布にお金がなかった人」という、不特定多数の宛名でもかまいません。「送る相手」欄に書かれた条件に該当する人が、レジで申告して、コーヒー一杯を受け取ります。これが、『こはぜ珈琲』の「恩送りカード」の仕組みです。

「恩送り」という名のコミュニケーションツール

このポイントカードを始めたきっかけを伺うと、「元々は、アメリカに住む友人に聞いた話から浮かんだアイデアです。大きな寄付をするとか、ものすごい善意の行動とか、そこまで大げさなものではありません。人とつながるコミュニケーションツールのひとつとして楽しみながら、恩送りができたらいいな、という発想でした」と、谷川さん。

「普通ならポイントが貯まったらコーヒー一杯サービスして終わりなのが、恩送りカードのおかげでお客さんとの会話は増えましたね。**お店という村の中で知らない人たちがやり取りをしている感じがゲーム感覚で面白いんです**」と、話されていました。

「恩送りカード」はたくさん利用されているのかを伺うと、

「いろいろな方が使ってくれていますよ。早稲田の学生さんが後輩に送ったり、お世話になっている人にお礼として送ったり、という知り合い同士のやり取りもありますが、割合としては、知らない人に恩送りがつながるほうが多いです。このカードのルールのひとつが、『できるだけリターンをせずに、流していきましょう』だからでしょうか」とのことでした。

『こはぜ珈琲』が好きな人や、お店のある街が好きな人が、たとえ顔も名前も知らない同士でも恩を送り、遊び感覚でつないでいく。とてもユニークなサービスです。

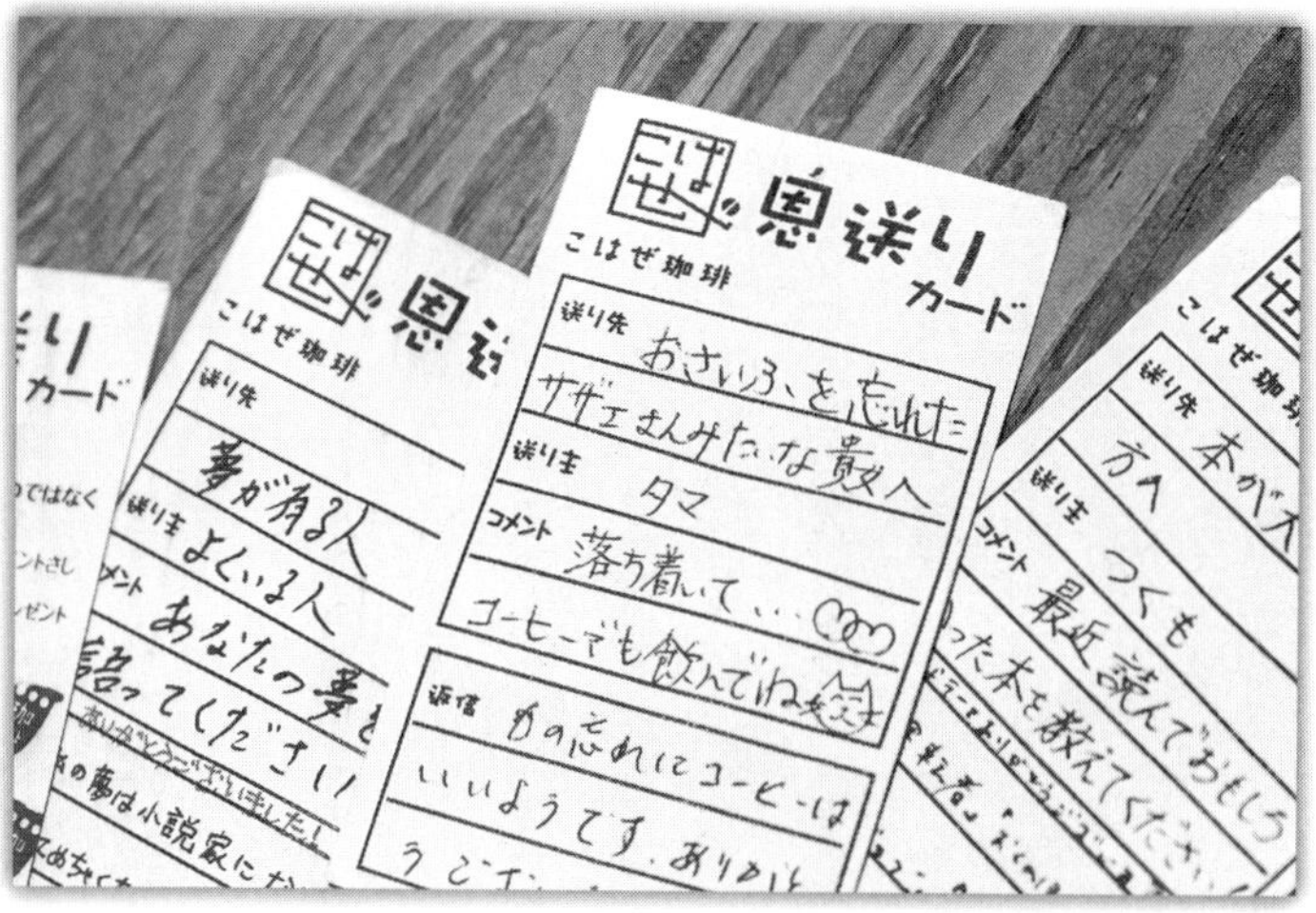

恩送りカード。財布を忘れた人を送り先にするユニークなカードも

店主の谷川隆次さん

東京・早稲田にある『こはぜ珈琲』の外観

医療従事者もカカオ農家も元気にしたペイ・フォワード

京都のチョコレート専門店『Dari K（ダリケー）』では、コロナ禍になった2020年に素敵なペイ・フォワードの取り組みが行われていました。

『Dari K』では、チョコレートの原料であるカカオを、カカオ農家から直接仕入れているそうです。元々、高品質のカカオ豆を作れるように『Dari K』が栽培方法を指導しているという経緯があるのだとか。そのため、コロナの影響でお店が閉まり、お客様が激減するという状況になったときでも、カカオ農家からの仕入れを止めませんでした。なぜなら、『Dari K（ダリケー）』がカカオを買わなくなってしまうと、農家は多大な影響を受け、たとえ安く買い叩かれてもほかへ売るしかなくなってしまうからです。カカオ農家を守る使命感と、彼らを裏切れないという義務感から、仕入れを続けられたということですね。

コロナ禍が生んだアイデア

とはいえ、原材料を仕入れ続けるための資金を確保するためにはチョコレートを製造し、何とかキャッシュにしなくてはなりません。**コロナ禍で対面販売が難しいなら、オンライン販売しかない。そこで発案したのが「ペイ・フォワード」でした。**

仕組みとしては、オンラインで注文してくれたお客様に商品を届けるのと同時に、同じ金額分の『Dari K（ダリケー）』の商品を医療従事者にも届けるというもの。これが今回のペイ・フォワードの前提条件でした。**お客様にとっては、自分の商品を買うだけで、コロナで激務の中にいる医療従事者に対して、間接的に寄付ができる感覚です。**

ＥＣサイトで「こういう取り組みを始めますので、賛同してくれたら買ってください」と発信をしたところ、大きな反響があったとのこと。

そんな取り組みをしているのなら、ぜひ協力したいとか、私も参加したいという人が多数いてくださり、ほとんどの人が単に商品購入にとどまらず、各種SNSでシェアしてくれて、たちまち拡散。結果的には、**最初の1週間ほどで何千件という注文が入り、累計購入者数は3500人以上にのぼり、約7万人分のチョコレートを届けることができました。**

その後も取り組みは継続しているのかを伺ったところ、企画的には成功でも、採算的には赤字だったそうで、残念ながら現在は実施していないそうです。

ただ、実際にチョコレートを寄付された医療従事者の方からは、「家にも全然帰れない状況のときに、『Dari K（ダリケー）』のチョコレートをもらって、とてもホッとしました」「取り組みがうれしかったので、コロナが落ち着いたら自分で買いに行きます」という、感謝のメッセージがたくさん届き、ブランディングにもつながったようです。また、**共感されると拡散されて新しい顧客獲得につながったことも学びになった**と話されていました。

カカオ農園でカカオの状態を確かめる吉野慶一社長

2020年に配布したカカオサンドクッキー

シェアという名の恩送り

今から4、5年ほど前でしょうか。ちょうどInstagramが爆発的に流行り始めた時期でした。ちょっとした思いつきで、僕の運営しているリサイクルショップ「リ・スクエア バナル」でもキャンペーンをやったことがあります。

キャンペーンの内容は、イベント当日の一日限定で、「うちのお店に来て、写真にタグ付けをしてInstagramに投稿してくれた人には、あなたのフォロワー数×1円の現金をプレゼンーします」というもの。

キャンペーン告知を見てたくさんのお客さんが面白がって来てくれたのですが、中にはフォロワー数1万人超えの、いわゆる「万垢」の人も数人いました。来店して、ちょっとした買い物をしてくれて、自分のInstagramに「素敵なお店です」と書いて写真をアップしてくれるわけです。その都度バズって、かなり情報拡散されました。

結果的には、こちらも10万円ほどのお金を出すことにはなったのですが、今どき10万円程度の広告を打ったところで反応はありません。そう考えると、費用対効果はとても高かったと言えます。

キャンペーンを目当てに来てくれたお客様、そしてインフルエンサーの方々のおかげで、こちらがビックリするくらい来店してくださるお客様が一気に増えました。また、たった一日で、お店のInstagramのアカウントもフォロワーが激増したのです。インフルエンサーの信用力のすごさ、広がる情報というのは、こんなにもすごい宣伝効果があるのかと感動した経験です。

雑談から生まれたキャンペーン

そもそも、どうしてこんなキャンペーンをしたのかというと、スタッフとの雑談がきっかけでした。「最近、Instagramが来ているよね」「うちもInstagramの波に乗っかってみる？」「面白そう！」そんなノリから生まれたアイデアだったのです。ですから、期待度がすごく高かったわけではありません。とにかくモノは試しとやってみたら、思った以上の良い結果につながったというわけです。

自身のInstagramのアカウントで投稿するだけで現金をゲットできるなんて、シェアしてくれた人たちにしてみれば、おいしいキャンペーンだったと思います。言い方は悪いですが、お金が欲しいという下心みたいなものが、シェアする動機になっていた人がほとんどだったことは想像に難くありません。とくにフォロワー数が多い人は、一回シェアするだけで、かなりの金額が手に入るわけですから、やらない手はないですよね。

それでも僕は、**あのときのキャンペーンやシェア祭りも、お客様たちに恩送りをしてもらえたと思えるのです。**

Instagramにしろ、そのほかのSNSにしろ、シェアしようと思うときはどんな状態なのか？　について考えてみました。料理がおいしいお店に出合えたとか、面白い映画を見たとか、素敵なインテリアのお店を見つけたとか、感動する景色を見た、なんていうときが多いのではないでしょうか。

そして、そのシェアするときの深層心理はというと、「おいしいスイーツを食べさせてくれてありがとう」「素敵なインテリアを眺める楽しみをくれてありがとう」「うれしい気持ちになれる時間をありがとう」「楽しい時間をありがとう」……など、そんな幸せな気持ちが必ずあるはずです。

だから、「このお店がたくさんの人に知られるといいな」「自分にハッピーな時間をくれたお店に喜んでもらいたいな」と、そんな気持ちでシェアをするのではないかと感じています。

シェアという行動は、この豊かな気持ちや経験をInstagramや、ほかのSNSの向こう側にいる人と共有したい、情報を届けたいという思いの結果です。これってまさに恩送りそのもの。

「シェアという名の恩送り」だと思いませんか？

第7章

恩送りで僕は人生を変えた

ここで改めて、僕がなぜ「恩送り」をするようになったかをお話しします。僕が恩送りを実行し始めたのは24歳のときなのですが、「恩送りとの出合い」に僕を導く奇跡の物語は、それよりも2年前にすでに始まっていました。

一杯のカレーライス物語

15歳からダンスに夢中だった僕は、21歳で周囲の猛反対を振り切って上京しました。仲間と3人で借りた安アパートで始まった極貧生活。ダンサーとして成功する夢だけはあったけれど、笑ってしまうほどに貧乏でした。

あるとき、故郷の岐阜から当時の彼女が遊びに来ることになりました。デートの当日、僕の洋服のポケットには、なけなしの「400円」が入っているだけ。デート中もずっと、自分の貧しさが情けなくてみじめでした。飲食店が立ち並ぶ通りを歩きながら、「どの店なら400円で食べられるメニューがあるだろうか」ということばかりを考えていたと思います。そんな僕の目に留まったのが「ポークカレー380円」と書かれたココイチのメニュー看板です。忘れもしません、大宮駅東口のそばにあるお店でした。

店のドアを押すときに、一瞬だけためらいました。４００円しか持っていない僕には、一番安いポークカレーさえ一杯しか注文できません。おそらく、店員さんに嫌な顔をされるだろうなと考えたからです。そんなことを考えながらも勇気を振り絞っていざ入店。おどおどしながら注文した僕に、アルバイトの女の子は「ポークカレー、おひとつですね。かしこまりました」と、まぶしいほどの笑顔で応対してくれたのです。その上、「よろしければ、お使いください」と、２本のスプーンと取り皿をテーブルに置いてくれました。カレーライス半分では、お腹いっぱいにはならなかったけれど、僕の胸は温かい気持ちでいっぱいになったのです。

あまりにもうれしかったので、その子に何かしてあげたいと考えていたら、テーブルに備え付けのアンケートハガキが目に入りました。このハガキに女の子の接客が良かったことを書いたら、彼女が店長や社長にほめられるかもしれません。僕は女の子の接客の素晴らしさをアピールし、ついでに自分のことも書きました。ダンサーを目指していること。大変な苦境にあること。お金がなくてポークカレーを二人で一人前しか注文できなかったこと。最後に住所と名前も書いておきました。

奇跡の手紙

そんな出来事の後も、僕の生活は変わりません。やがては家賃も滞納するようになってしまいました。そんな頃です。一通の黄色い封書が家に届きました。**差出人は「ココイチ社長（創業者で現在は特別顧問）宗次德二」となっています。**どうせ「お客様各位」で始まる定型文かアンケートだろうと思いながら開封すると、**なんと宗次さん自筆の手紙が入っていました。**

「お客様にいただいたアンケートハガキを読んで、胸が熱くなりました」と、手紙は始まっていました。僕は、あの日アンケートハガキに感想を記入したことを思い出しました。手紙の続きには、「実は私もとても貧乏な時代があったので、お客様の気持ちは手に取るようにわかります。応援しています。どうか夢をあきらめないでください。くじけそうになったら、またココイチに来てください。いつでも温かいカレーを作ってお待ちしています」と、書かれてありました。

最後に「ＰＳ」とあり、「同封した食事券は、僕からの気持ちです。どうぞ、遠慮なく使ってください」と。あわてて封筒の中を見ると、３０００円分の食事券が入っているではないですか！　全国に数百店舗を持つ有名カレーチェーン店のトップが、数え切れないほどいるお客さんの中のたった一人、それもたいした売り上げになっていない僕のためにこれほどまでに手厚い対応をしてくれたのです。感激で胸がいっぱいになったし、まさに奇跡だとも思いました。

のちに「宗次さんの手紙や食事券という恩を受け取ったあの瞬間が、僕と恩送りの

出合いだった」と気づきます。22歳の頃はまだ、「恩送り」という言葉を知らなかったけれど、確かにあのとき、僕の人生の恩送りが始まったのです。

恩送りにつながる言葉

僕は24歳になり、ダンスの世界で成功するという夢に破れ、定職にもつけず、お金もない僕は、故郷の愛知に戻ります。そこで一人の社長と運命の出会いをしたことで、僕の人生は劇的に変化を遂げるのです。

その社長は、型破りを絵に描いたようなタイプの経営者でした。サーフィンが何よりも好きで、Tシャツと短パンスタイルでバリバリ仕事をする姿が、僕の目にはとても魅力的に映ったのです。僕は密かに**「サーファー社長」**と名付けて、たびたび会いに行くようになりました。

仕事のなかった僕は、「あなたのカバン持ちをさせてください」と、サーファー社長に頼み込みました。すると、「カバン持ちはいらないけれど、仕事が見つかるまでうちで働けばいいよ」と言ってくれて、僕はサーファー社長の傘下の会社で営業をさせてもらえることになったのです。

素晴らしい商材と先輩たちに恵まれた最高の環境で、僕は営業マンとして順調に成長していきました。数年後、経済的にも安定して心に余裕ができたからか、「今の自分があるのはすべてサーファー社長のおかげだから、ちゃんと恩返しをしたい」と思い立ちます。それからは、そのサーファー社長を自分のメンターと決めて、たびたび会いに行きました。出張先や旅行先からは、お土産を送ることも忘れず、僕なりに精いっぱいの恩返しをしているつもりだったのです。

ある日のこと。プリンを手土産に会いに行くと、サーファー社長はうれしそうにプリンを食べつつも、「もうこれ以上、俺に恩返しはしなくていいよ」と言いました。さらに続けて、「その気持ちを俺じゃなくて、もっと困っている誰かに向けてほしい。例えば、このプリン。次からは、君の周りで困っている誰かにあげてほしい」と言うのです。

僕の頭は混乱しました。どうして見ず知らずの人にプリンをあげないといけないのか？　戸惑う僕に、**「これまで多くの人からたくさん与えてもらったから、今度は俺の番だと思って、君に与えてきたんだよ。そして、次は君の番だ。俺に返さなくていいから、自分がしてもらったことを別の誰かにしてあげてくれ」**と社長は話してくれました。僕は感動しました。自分がメンターだと仰いでいる人は、まるで見返りを求めていない。なんて、偉大で懐の深い人だろうと。

メンターの言葉を実践

サーファー社長の話の中で、とくに強く印象に残ったのが、**「稼いだお金の3割は、人のために使え」**という言葉でした。

「例えば、給料が仮に10万円だったら、３万円を人のために使う。お世話になった人へのお返しでもいいし、この人を助けたいという動機でもいい。あるいは、いつかお世話になるかもしれない予感がする相手でもいいし、とにかく人のために使ってみれば、きっと人生は好転するから」

正直なところ、３割はとんでもなく大きいと感じたし、他人のために使うにはもったいなさ過ぎる額だとも思いました。ですが、僕はその社長をメンターとして信頼していました。なぜなら、社長と出会ったことで、仕事も生活も、生き方や人生そのものまでもが劇的に変わったので、「この人が言うなら間違いない。言われた通りにやってみよう」と、僕は素直に思いました。

もうひとつ、面白い提案も受けました。僕がタバコを吸わないと知った社長は、「それならタバコを吸う人と比べて、すでに一日に400円ほど得をしていることになる。得した400円を使って、その日会った誰かにコーヒーをごちそうしてあげるといいよ。簡単にできることだし、相手は絶対に喜んでくれて、『若山くんとまた会いたい』と思ってくれるはず。**一日1人にコーヒーをごちそうするということを、毎日続けてみなさい**」と。

それからは、会う人、会う人にコーヒーをごちそうする日々が始まりました。ごちそうする相手は、営業で会うお客様。あるいは、打ち合わせやランチで一緒になった同僚。とにかく一日に最低でも1人には、コーヒーをごちそうすることを目標に。これが僕にとって、まさに**「恩送り」のスタートになりました。**

最初の頃は一日に１人しかごちそうできなかったのが、自分自身の成長と比例して、ごちそうする人数が２人、３人と増えていきました。仕事相手や同僚だけでなく、プライベートの友人や知人にもごちそうするようになったのです。裏を返せば、それだけ人と会う機会が増えていったわけです。

相手の仕事の都合で深夜にしか会えない場合は、真夜中や明け方にまで会いに行くような生活を送っていました。僕も若かったので、寝る時間が少なくなっても平気だと思っていたのです。そして、人と会うときには、１人の相手と長い時間を過ごさず、２時間おきにまた別の誰かと会ってコーヒーをごちそうするという日々を過ごしました。

恩送りが習慣に

コーヒーをごちそうする習慣は、今でも続けています。2時間おきに別の誰かと会うことは、さすがにやめましたし、結婚して子どもができてからは回数も減りました。とはいえ、すでに20年近く続けています。**仮に年間平均が1000人だとしたら、単純計算で累計2万以上の人にコーヒーをごちそうしたことになります。**継続とは、すごいことです。

こんな僕の習慣を知っている人から、「疲れませんか?」と、時々聞かれます。不思議なくらい、疲れると感じたことは一度もありません。「楽しい」という気持ちが優先しているのです。いろんな人に会えて、いろんな話が聞けて、そのたびに新鮮な学びがあります。営業という仕事柄、目の前の人がいつかお客様になってくれる可能性に期待する気持ちもありました。確かに、最も頻繁に人と会っていた頃は、営業成績がうなぎ登りだったのは本当です。

自分が食べる物も心もとない貧乏な時代には、人に何かをごちそうすることなど到底できませんでした。それが、誰かにコーヒーをごちそうすることを習慣にしてみると、人はたった一杯のコーヒーで、こんな素敵な笑顔を見せてくれるのだと知ることができたのです。同時に誰かに喜んでもらうことで、自分もこんなにうれしくなるのだということも実感しました。

ふたたび起死回生

人生にはアップダウンがつきものとは言いますが、サーファー社長にドン底から救い上げてもらったにもかかわらず、僕はまたしても奈落の底へ転落します。営業の仕事で１００万円単位の月給を手にするほどになり、すっかり調子に乗ってしまったのです。外車の高額ローンや投資の失敗など身の丈に合わないお金の使い方をした結果、1200万円もの大きな借金を背負ってしまいました。

このときも、僕を救ってくれたのはサーファー社長でした。**「借金を返したければ、人が一番嫌がる仕事につけ」**と教えてくれたのです。この言葉に従ったことで、僕は不用品回収という天職とも思える仕事につくことになります。不用品回収の仕事で僕は借金を返すことができ、その後の人生を豊かにする多くの出会いと経験を得ました。

ココイチ社長、宗次さんとの出会い

不用品回収の仕事を始めて少したったある日のこと。お得意様の一人である女性経営者とココイチでランチをとる機会がありました。その席で僕は、昔お金がなくて一人前のポークカレーを彼女と半分ずつ食べたことや、そのとき書いたアンケートがきっかけで当時社長だった宗次さんが直筆の返事と食事券を送ってくれたことを話したのです。僕の話に感激した女性経営者は、その後一緒に訪れた紡績会社の会長さんの前で、宗次さんとのエピソードをぜひ話すようにと促しました。僕の話を聞き終えた会長は、憮然として言ったのです。「若山くん。君は大事なこと忘れているよ。君は宗次さんにお礼を言っていないんじゃないのか？」と。

ハッとしました。「確かに、きちんとお礼を言えていない」と。そんな僕に、その会長は宗次さんにアポを取ってくれました。なんと、会長は宗次さんと知り合いだったのです。

いよいよ、宗次さんとの対面のときが来ました。僕は、「10年前にアンケートハガキを送った若山です。宗次さんから、直筆のお手紙と３０００円分のお食事券をいただきました。あのときにお礼が言えず、今頃になって申し訳ありません」と、気持ちを伝えました。すると宗次さんが、

「覚えているよ。ダンサーの君だね」と言ってくれ、続けて「あのときの彼女は元気

かい？」と聞いてくれました。

「実は、あの1カ月後くらいにふられてしまいました」

「そうか。じゃあ、ダンサーにはなれたの？」

「実は、ダンスもやめてしまったんです」と答えながらも、宗次さんが何もかもを覚えてくれていたことがうれしくて、涙がこみ上げてきました。


最後に宗次さんは、「もっと広い世界を見て器を広げるといいよ。そして社会に貢献しなさい。そうすれば、いつか君の人生はきっと本になるよ。その日のために、また今日からがんばりなさい」と励ましてくれたのです。その瞬間から、「本を出す」ことが僕の新たな夢になり、「一杯のカレーライス物語」で多くの人たちに希望を届けたいと強く思うようになりました。

自分の器を広げる旅

宗次さんとの出会いを機に、僕は何かに駆り立てられるように活動的になりました。あれこれ思い悩まず、とりあえずやりたいこと全部にチャレンジしようと決めたのです。宗次さんにも、メンターにも、「広い世界を見ておけ」と言われたこともあって、その後、本当に世界一周の旅にも出ました。

3カ月かけて15カ国を回ったのですが、一泊800円ほどの安宿に泊まり、どこの国から来たのかわからない人たちと雑魚寝するような日があったり、ときにはめったに泊まれないような高級なホテルに泊まったりと、とにかく刺激的な旅でした。言葉もほとんど通じないし、危険な目にも何度か遭いましたが、それでも経験したことのすべてが、学びになったのは確かです。

日本の社会の中だけの「普通」や「常識」や「一般論」なんていうものが、すべて

The Asahi Shimbun | Asia & Japan Watch

Search

HOME What's New National Report Politics Business Asia & World Sci & Tech Cultur

The Asahi Shimbun > National Report > article

Plate of curry at eatery changed life of struggling dancer

By SHIMPEI WAKAMATSU/ Staff Writer

February 20, 2021 at 07:00 JST

Share Tweet Print

list

一杯のカレーライス物語の記事が掲載された
朝日新聞デジタルの英語版は、『Story Scout』にも取り上げられた
https://www.asahi.com/sp/ajw/articles/14175317

くつがえされた気がしました。同時に、自分独自の価値観や人生観を持っていてもいいのだと気づけたのです。この旅以降、自分との向き合い方がとても上手になった気がします。

世界一周の旅から帰ったあと僕は不用品回収業でお世話になっていた会社から独立をし、会社を興しました。たとえ失敗しても、思っていたのと違う結果になっても、それもいいじゃないか。すべてがいつか出す本のネタになると思えば、何も怖くない。そんなふうに思える強さを、僕は手に入れていました。

「いつか君の人生は本になるよ」という宗次さんの言葉に支えられて進んだ結果、僕は本当に本を出すことになります。宗次さんとの再会から9年後のことです。

初出版がきっかけで『奇跡体験！アンビリバボー』というメジャー番組に出演させてもらう機会を得て、「一杯のカレーライス物語」が20分の再現ドラマとなり全国放送されました。その後、新聞の記事にもなり、さらにアメリカのエンターテイメント業界の人がこぞって見ている有料メディアでも紹介されました。

うれしいことに、『アンビリバボー』の放送直後から、売り上げが上昇したココイチの店舗があるそうです。「ラッキーマンの本を読んで来ました」「アンビリバボーを見て来ました」というお客様が、目立って増えたのだとか。それだけでなく、「ココイチで働きたい」という、アルバイト希望者が何人も来たという話も聞いています。

遠いあの日、宗次さんが僕に送ってくれた恩を、ここに来て僕は還元できた気がしています。**恩送りは最大の恩返し**ですね。

人とモノの幸せの場を創る

僕の会社のメインの仕事は不用品を回収することですが、回収してきたモノを本当にゴミにしてしまっていいのかを一旦疑うようにしています。どう見ても捨てるしかないモノはゴミとして処分するしかありません。でも、まだ使えるモノは、自社のリサイクルショップで販売したり、他社のリサイクルショップに売ったりと、リユースの形で蘇らせるようにしているのです。

突き詰めると、この世の中からゴミがなくなることが、僕たちの仕事の最大かつ最終の目標です。僕たちは人に命があるように、モノにも命が宿っていると考えています。**人を大切にすることは、モノを大切にすること。モノを大切にすることは、人を大切にすること。**この考えのもとで活動している**僕らの会社の企業理念は「人とモノ**

の幸せな場を創る」なのです。

今あるほとんどのモノは、与えられたものです。仕事をする環境もそう。乗っている車、食べ物、パソコンもそうです。もちろん、お金を出して買う行為を経て手に入れているのですが、自分がゼロから生み出したものなんておそらくひとつもありません。自分の体ですらそうです。自分の意思で作られていないという原理をきちんと理解することで、初めて人にもモノにも感謝できるのではないでしょうか。

結局、感謝する気持ちが人やモノを大切にする行動になり、**人の価値やモノの価値を見つけて、「活躍の場」を提供できるのです。**僕がリサイクル屋だから、こんな考え方を重視しているわけではありません。人とモノを大切にする。人とモノはすべて周りから与えられたもの。そこに気づくことができたら、どんな仕事でもうまくいくはずです。

他とは違うリサイクルショップ

2012年に不用品回収業として法人化した**「株式会社 和愛グループ」**が、僕とスタッフの働く場所です。仕事を通じてたくさんの不用品を見るうちに、**誰かにとっての不用品を、別の誰かの必要品に変えたい**という思いが大きくなり、その思いを形にしたのが、2016年にオープンしたリサイクルショップの「リ・スクエア バナル」です。

僕自身は、元々はリサイクルショップが好きではありませんでした。薄暗い店内に無造作な陳列。置かれている家具が大切に扱われているとは思えず、モノの価値をきちんと伝える努力もせず、早く売れさえすればいい。何より働いている人が、全然楽しそうには見えない。それが僕の中のリサイクルショップのイメージだったのです。

だからこそ、自分たちでリサイクルショップを作るなら、どこにもないようなお店にしようと決めていました。そんな思いのもと、立ち上げたのが「バナル」なのです。

一般的なリサイクルショップでは扱わない、ヴィンテージやアンティークのレトロな家具を主に扱っているのが「バナル」の特徴です。その手の製品は売りにくいので、引き取ってくれるところがないのが今までの常識でした。売れないものは買い取れない、そんな観念があったわけです。ですから、不用品回収業者の僕らとしても、これまでは仕方なくゴミとして処分してきたモノもありました。

それがあるときから、こんなにも味わいのある古い家具類をゴミとして捨てたくないと強く思うようになったのです。そう感じ始めてからは、気になる家具や道具は、倉庫に保管し、たくさん溜まった懐かしい香りのモノたちを売る場所として、「バナル」は誕生しました。

海外旅行であちこちへ行くと、外国には骨董品店がたくさんあり、モノを大切にする精神が根付いていると感じます。しかも、海外のリサイクルショップは、すごくお洒落でカッコいい。だだっ広い倉庫のようなスペースで、週末ともなればキッチンカーが来て、音楽を流して、昼間からビールで乾杯して、という風景が珍しくありません。家具を買うのか買わないのかわからない人たちが集まって、楽しそうにパーティーをしているお店の雰囲気は最高です。「そんなお店が、日本にもあったらいいなぁ。なんとなくお洒落で、さり気なくカッコいい。働いている人がみんな楽しそう。」そんなコンセプトで始めた「バナル」は、おかげさまで人気を呼び、オープンしてから6年がたち、もうすぐ7年です。

僕が海外で見てきた光景を再現して、「バナル」では週末にイベントをたびたび開催してきました。音楽ライブをやったり、キッチンカーを呼んだり、ハンドメイドのクリエイターさんの作品を展示してマルシェをやったり。家具を買うかどうかに関係なく、「みんな、気軽に遊びにおいでよ」というノリでやっています。立ち上げたときから、ずっと何かしらの催しをやっているのですが、いつの間にかそれが評判になって、今では全国からわざわざ足を運んでくれる人も増えました。

愛知県の小牧市の片隅で、トラックしか通らないようなへんぴな倉庫街にあるお店です。それでも、多いときは一日500人もの人たちが来てくださるのですから、本当にありがたいことです。

人に運を届け続けた

「バナル」はオープン当初から、「自分たちが楽しんで仕事をすること」をテーマとして運営してきました。まずは僕たちスタッフが楽しもう。楽しいところにしか人は集まらないし、自分たちが楽しくないと人を楽しませることはできません。

そして、家具の販売はきっかけのひとつであって、売ることがメインではないと、スタッフには話しています。アンティークやヴィンテージの家具をきっかけにして、人と人が出会い、お互いに豊かになっていくのが、この仕事を通じて僕たちがやりたいことなのです。

こういう考えだからか、当初は売り上げもそれほどありませんでした。1年、2年とたつうちに、じわじわと口コミが広がっていき、「あの店に行くと楽しいよ」「あそこには面白いスタッフがいるよ」「何かのイベントやっているらしいよ」「困ったことがあったら相談に乗ってくれる人がいるよ」と、少しずつ認知されるようになっていきました。

今ではたくさんの人が来てくれるようになった「バナル」ですが、なぜここまで人気店になったのかと聞かれたら、**「僕たちがリサイクルというきっかけを使って、人に運を届け続けたから」**と答えています。

お気に入りの家具と出合えて、生活が豊かになる経験を提供したいと考え、始めたショップです。出会いは人と家具、人とモノだけではありません。この6年の間に、この場所で出会ったお客さん同士が結ばれて結婚したり、意気投合した相手と共同してビジネスが生まれたりしました。また、家を建てたいという人を知り合いの工務店とつないだこともあります。さまざまな相談事が寄せられるたびに、僕たちにできることは相談に乗り、さしずめ「よろず相談所」みたいな場所としてやってきました。何より、スタッフ全員がそんなショップのスタイルを全力で楽しんでいます。

これまでは、お店に足を運んでもらうことにこそ意味があると考えていたので、ネット販売はしていませんでした。ですが、コロナの影響で状況が一変。来店したくてもできない人が増える中で、「バナル」の家具を全国の人たちにお届けしたいという思いがあふれ、2022年6月にオンラインECショップをオープンしました。

ソーシャルグッドで恩送り

不用品回収業として働く中で、自然と地球環境にも目が行くようになり、そんな中で、環境活動家の人たちに出会う機会に恵まれます。そして、環境活動家の人たちを応援するために、僕たちが立ち上げたのが**「みんなのちきゅう」**という会社です。

とはいえ、最初は何から始めたらいいのかわかりませんでした。ネットで調べると、情報が多くて余計にわからなくなってしまいます。例えば割り箸やエコバッグも肯定する意見、否定する意見と賛否両論で、結局は何が正しいのか確信を持って行動することができません。そんなジレンマの中で、地球をきれいにする活動に専門的に取り組んでいる人の存在に気づきました。

環境活動家の活動とは

環境配慮への活動と言っても、その内容はさまざま。僕は、森林保護や空気の清浄化の研究をしている活動家を探して会いに行き、それぞれの専門分野の情報をインタビューして動画に記録させてもらいました。さらに、環境活動に興味のある人向けのオンラインサロンを作り、各種情報を毎月配信するようにしたのです。その後、オンラインサロンから、無料のFacebookコミュニティへと変遷し、最終的にはクラウドファンディングで資金を集め、専門メディアを作る方向になりました。

さまざまな分野の環境活動家から話を聞けば聞くほど、今すぐにでも始めたほうがいいと感じる知識をどんどん得て、普段の生活様式がかなり変化しました。一個人がいきなり大きな変革はできませんが、専門家から教わった知識を少しずつ取り入れながら、徐々に変えていくこと。そんなスモールステップなら、始められる人も多いはず。そこで、その情報をわかりやすく周知するメディアを今、作ろうとしています。まさに「1人の1000歩より、1000人の一歩」に希望を感じているのです。

子どもや孫の時代に見せたい地球とは

メディア作りには、環境問題の改善情報だけでなく、環境活動家のみなさんの取り組みを、多くの人に周知する目的もあります。活動家のほとんどが、誰にも注目されない、たくさんの人に届けることができないという悩みを抱えています。メディアを作ることで、そんな悩みを少しでも解消できたらと考え、立ち上げたのが「みんなのちきゅう」なのです。

正直、今のところ収益的には期待できません。入ってくるお金を増やしたいだけなら、既存の事業をがんばったほうがいいのは明白です。そうとわかっていて、なぜ「みんなのちきゅう」を立ち上げたのか。動機は、僕らの未来、子どもや孫の時代になったときに、地球が今よりボロボロで、異常気象が激しくなって、今より生きづらくなっていたら困ると感じたことです。

ただ、環境活動の一環として何ができるのかを考えたときに、ゴミを拾うとか、それだけでは腰を上げるのが重いと感じました。もっと軽い感覚で、日常に取り込めるものにしたかったのです。僕たちが作るメディアを通して、環境問題に取り組む人が幸せそうだと思ってもらえるロールモデルを目指したいと考えています。「ソーシャルグッドって、カッコいい！」と感じてもらえる文化を作ることが目標です。

「地球は先祖から受け継いでいるものではない。未来の子どもたちから借りているものだ」と、かのサン＝テグジュペリは言いました。僕たちが先人から受け継いだきれいな地球を、未来の子どもたちに恩送りしたいものです。

カンボジアの子どもたちから学んだこと

海外の恩送りを、ひとつ紹介させてください。僕の古いお客様の中に、長年カンボジアの孤児たちに寄付を続けている女性がいました。その女性から「一緒にカンボジアに行こう」と誘われていましたが、僕はカンボジアにもボランティアにも興味がなく、忙しいことを理由に断り続けていたのです。ですが、お世話になっている義理もあり、「これも仕事だと思って一回だけ行ってみるか」という気持ちになったのが、2013年のことです。

僕を誘ってくれた彼女が、現地の支援施設で孤児たちとの再会を喜んで抱き合い号泣するのを見て、思わずもらい泣きをしてしまいました。孤児たちは親を亡くしたり、経済的な理由で親から捨てられたりという理由で施設にいて、支援者からの寄付で命をつないで生きています。だからこそ、支援者との再会を泣いて喜んでいるのだと理解したとき、純粋に感動したのです。僕もこの輪に入れてもらいたいと心から思い、帰国後すぐにカンボジアの支援を始めました。

カンボジアに学校を建てる

その後、僕をカンボジアに誘ってくれた女性が末期がんで、余命3カ月と宣告されてしまいます。ある日、僕はその女性に呼ばれました。「私はいつ死んでもいいの。だけどひとつだけ、死ぬまでにやりたいことがある」と言うのです。それは、カンボジアに学校を建てることでした。

「若ちゃん、お願いだから手伝って」と言われ、反射的に「やります」と答えたものの、学校を建てるには当時約500万円かかります。まずは資金の工面に悩むことにな

カンボジアにて

りました。僕は多くの人が集まっていそうなさまざまなセミナーやイベントに毎週のように出向いて、カンボジアの話をあちこちでしました。その結果、なんと3カ月で500万円が集まったのです。

数カ月後、本当にカンボジアに学校が建ちました。ですが例の女性は、開校をその目で見ることなく逝ってしまいました。彼女の死後、「死ぬまでカンボジア支援に関わっていこう」と僕は決心し、10年たった今も続けています。毎年、その学校へ訪問し、通っている550人の子どもたちの様子を当時の支援者さんへSNS経由で報告。みなさん、10年前に学校建設に関わったことを、今でも本当に喜んでくれています。

カンボジア支援に関しては、NPO法人のグローブジャングル抜きでは語れません。「まわりめぐるハッピー」というのが、グローブジャングルのコンセプト。

自分たちにできることで、カンボジアの子どもたちを少しでも幸せにしたい。そんな思いで結集して、井戸を900個掘り、40校以上の学校や図書館も建て、そのうち2校は自らが運営もしています。また、働く場のない村のお母さんたちには、収入を得る手段としてミシンプロジェクトを展開しているのです。グローブジャングルの女性たちが、実に生き生きと楽しそうに支援活動をしている姿に共感する支援者はたくさんいます。現に僕もその一人です。

究極の恩送り

ただ、僕が9年間も支援を続けている理由はほかにもあります。経済的な支援をしているのはこちらだけど、それ以上に**現地の子どもたちから精神的な支援を返してもらっていると感じるのです。**その真っすぐな笑顔に心が洗われ、忘れかけていた大事な気持ちを思い出すことが何度もありました。与えているのだけれど、与えた以上のものが返ってきて、そのたびに自分の心が成長して満足度も上がり、また支援をしたくなる。こうやって互いの価値を交換し循環することが、グローブジャングルさんが掲げる「まわりめぐるハッピー」の意味なんだと実感しました。

カンボジアの子どもたちは、みんなで分け合うことの幸せや、困っている人がいたら見捨てず助け合うことの喜びを僕らに教えてくれます。小さいときから日本語を学んで将来の可能性を広げていたり、結婚式で披露することでお金をもらえるからと一生懸命に踊りを習ったりしている子もいます。支援だけに頼るのではなく、できるだけ自らの力で生きていこうとする強さも持っています。

下は2歳から、上は大学生の子たちのほとんどは、なんらかの手段でお金を稼いでいますが、その**稼いだお金を自分には使わず、自分たちよりもっと困っている子どもたちに寄付したり、学校を建てる資金として提供したりしています。**

そんな姿を見たら、日本で贅沢な食事ばかり楽しんでいる場合じゃないなと考えずにはいられません。その何回かに一回分を支援に充てたら、あの輝くような笑顔がもっと増えるはず。どうせならそんなお金の使い方をしたいし、そのほうが自分たちもきっと心豊かでいられます。

これこそ、**究極の恩送りの形**ではないでしょうか。

僕の周りにいる恩送りの人たち

恩送り大臣①香取貴信さん

ここで、僕がひそかに「恩送り大臣」と呼んでいるソウルサーファー**香取貴信さん**を紹介します。香取さんほど、ナチュラルに恩送りをしている人を僕はほかに知りません。付き合えば付き合うほど、その魅力にハマってしまい、僕自身もかなり影響を受けています。

香取さんは、講演家として全国を飛び回りながら、Voicyで音声配信を毎日されています。話の内容は主に自分以外の人のこと。「俺の出逢ったスゴい人」などをテーマに、毎日話してくれるのです。香取さんのVoicyで話題に上がった人は、自分の良さを世間に広めてもらえて、例外なくみなさん喜んでいます。そして、そのVoicyを聞いている人が、話の内容に興味を持ったり感化されたりして、香取さんのファンになっていくのです。実は僕も、何回か香取さんのVoicyに話題の人として取り上げてもらいました。人気講演家であり、ベストセラー作家でもある香取さんが、自分の話をネタにしてくれるなんて、こんなうれしいことはありません。

最近は、香取さんと一緒にセミナーをさせてもらう機会も増えました。そんなお付き合いの中で、僕が香取さんのことを「この人すごいな」と最初に感じたのは、セミナー後の懇親会でした。僕が今まで見てきた懇親会は、メインゲストの人は自分の席に座ったまま。出席者が代わる代わるお酒をつぎにきて、「ありがとう」と答えて、少し会話をして、というスタイルが定番。ところが、香取さんはまるで違ったのです。懇親会の開始とともにサッと立って、参加者全員のテーブルに自分からお酒をついで回ります。どのテーブルでも全員を沸かせて楽しませて、それを2時間、3時間と続けるのです。自分の席には、ただの一回も戻ってきません。きっと食事だって、ひと口も食べていないはず。その姿に、僕は感動しました。

香取貴信さん（右）とのツーショット

後日、そのときに僕がいかに感動したかを香取さんに伝えました。すると香取さんは、**「みんながお金を払って、わざわざ俺の話を聞きに来てくれたんだよ。そんなありがたいことはないでしょう？　だから、俺は全員のそばに行って『ありがとう』を直接伝えたいんだ」**と笑うのです。その笑顔を見ながら僕は、「ああ。やっぱり、この人が大好きだ！」と、改めて感じました。

香取さんには、もうひとつ印象的なエピソードがあります。香取さん自身の51歳の誕生日会でのことです。「今日は、俺の人生を変えてくれた人全員に恩返しをする誕生日会にしたい」と言って、香取さんが集めた人の中に僕も呼んでもらえました。開始と同時に香取さんが、「今日は俺がかわいがっている大事な後輩３人と、すでに大活躍されているみなさんとの縁をつなぎたくて、この場を設けました」と言って、その３人の中に僕も入っていたのです。

３人それぞれが30分ずつ時間をもらって、その日集まった錚々たるメンバーの前で話をさせてもらいました。

前振りとして香取さんが、「みなさん、昔、俺をかわいがってくださったときのように、これからこの３人をかわいがってほしいんです。今日はこの３人の素敵さを知ってもらいたいので、大先生方はいっさい喋らずに、話を聞いてやってください」と、紹介してくれました。これこそまさしく、恩送りの好例です。こんな素敵な企みをさり気なく、しかも自分自身の誕生日という場でセッティングする香取さんという人が、どれほど素敵な人かをわかっていただけたのではないでしょうか。

恩送り大臣②本田健さん

もう一人の恩送り大臣を紹介させてください。僕が運営するリサイクルショップ「バナル」のECショップをオープンしたときのことです。オープン前日、僕はFacebookで「明日、オンラインショップをオープンします」と、お知らせしました。それを世界のミリオンセラー作家の**本田健さん**が、たまたま見てくださっていたのです。

翌朝、ECショップサイトをリリースした直後、早速1件目の注文が入りました。買っていただいたのは、高級なイタリア製のアンティークデスク。その時点でスタッフたちが、何やらザワザワし始めます。「社長、オープンしていきなり注文が入りました。しかも、ご注文者が本田健さんなんですけど、まさかあの本田健さんでしょうか?」とあわてるスタッフ。「同姓同名じゃないの?」と疑うスタッフ。ご住所を確認したら、やっぱり本田健さんご本人でした。

僕は感激でいっぱいになりながら、すぐに音声ＳＮＳのClubhouseで「本日リサイクルショップのＥＣサイトを無事にオープンしました」という話をしていたところ、ほどなく本田健さんもルームに入ってこられました。僕はビックリしながらも、すぐさまご本人の許可を得て、「実はオープン直後にすごい人から注文が入りました。あのミリオンベストセラー作家の本田健さんが、アンティーク家具を買ってくださったんです。ご注文第一号でした。本当にありがとうございました」と、みんなの前で、直にお礼を言わせていただいたのです。

すると今度は本田健さんがスピーカーに上がり、「わっかん（若山のあだ名）への開店祝いとして、お花を贈るかわりに注文させてもらったのです。ここだけの話、運が良い人からお買い物をすると運気が上がるので、自分の運気を上げたくて、わっか

本田健さん（右）とのツーショット

んのお店で買わせてもらったんだよ。だって、わっかんは運を提供するお仕事をされているからね」と話してくださったのです。

さらに続けて、「みなさん、お買い物の仕方には大事なポイントがあります。**本当に運が良い人が売っているものを買うこと。そうすれば、運気はどんどん上昇します。**運を良くしたい人は、わっかんのお店で何か買うといいですよ」と、ありがた過ぎるお祝いの言葉を言ってくださったのです。

これが呼び水となって、オープン初日か

ら注文が次々と入りました。「社長、まだどこにも知られていないサイトなのに、なんでこんなに注文が入るんですか？」と、またしてもうちのスタッフたちは大あわてです。

このとき、健さんからいただいた言葉が今でも忘れられません。「わっかん、スタッフのみなさんに伝えてください。**あなたたちの仕事は、多くの人たちにアンティーク家具を通して運を提供している、運を販売するお仕事なのです。**どうぞ、これからも誇りを持ってがんばってくださいね」

これこそ、まさに僕たちがやろうとしていることです。頭の中だけにあったイメージを、健さんがみごとに言語化してくれた瞬間でした。健さんのおかげで幸先良いスタートがきれた「バナル」のＥＣショップ。その影響もあったのか、毎日新聞と中日新聞と中部経済新聞にかなり大きく掲載していただきました。

本田健さんが僕にしてくれたことは、ご本人には何のメリットもありません。そもそも見返りなど、まったく求めていない人なのですが。こんなすごい恩送りをさりげなくできてしまう人だからこそ、本が売れ続け、ファンが増え続け、今もなお世界で活躍し続けているのは間違いありません。

第8章

与えることで輝く若山流マネジメント術

第7章では、恩送りで僕の人生がいかに変わったかをお伝えしました。この章では、恩送りを中心とした働き方で、いかに社内外でマネジメントを駆使してきたか、顧客満足度を上げてきたか、そのあたりをお伝えしようと思います。

顧客満足度を上げたければ、社員満足度を上げる

「お客様は神様」と言われますが、会社の経営者や上司の立場である人が最も大切にすべきなのは、実はスタッフや部下たちです。その理由は、お客様にとって店頭や電話口で応対するスタッフが、商品なりサービスの印象そのものになるからです。だからこそ、スタッフが会社や商品に誇りと愛着を持って、気持ち良く働いてくれるようにすることが、経営者や上の立場の人の最重要任務ではないでしょうか。

星の数ほどある会社の中から、縁あって自分の会社に入ってくれたスタッフは、ことん大事にしたいもの。ですから、「顧客満足度を上げたければ、社員満足度を上げることが先決」という経営者としての僕のポリシーは、今も昔も同じです。

スタッフを大切にする。そうすると社員のパフォーマンスが上がり、お客様も喜び、その結果利益につながる。恩送りをする順番は、自分にとって近いところからやっていけば、巡り巡って自分に返ってきます。それはマネージメントでも活きるのです。

そして、社員満足度を上げるには、次の三つの条件が欠かせません。

●経営者とスタッフの間で、企業理念の共感度を高める
●社内の人間関係の満足度を高める
●自社の仕事の社会貢献度を理解してもらう

これらの条件も根底にあるのはすべて恩送りの考え方であり、一つひとつ社員が理解してバトンをつないでもらうことが大事なのです。その結果、善意の連鎖が組織の中に広がることは間違いありません。

僕の会社の離職率が低い理由

人は誰でも、得意なことと苦手なことがあります。何もかも得意という人はいませんし、少なくとも僕はそんなスーパーマンのような人に出会ったことはありません。例えば、ある部署で仕事がうまくできなかったり、結果が出せなかったりしたときに、本人を責めるのは違います。**その人の適性を見抜けずに、合わない仕事を当ててしまった側に責任があるのです。**

その人にもっと向く仕事はないのか、もっと輝ける場所がないのかを再度考えてみて、部署移動をしたり、違う業務をやってもらうことは大事なことでしょう。

ハッキリ言って、うちの会社は業種的には人気がありません。ですが、一度入ってくれると長く働いてくれますし、業務が嫌になって辞める人は、ほぼいません。経営者としては、こんなにうれしいことはありません。今の時代、離職率が高いと悩む企業が多いことを考えたら、実にありがたいこと。長く働いてもらえると、求人を出す必要がありませんから、経費も時間も無駄にならない点も企業としては助かります。

僕はスタッフに基本的なことだけは教えますが、それ以外のことはわざわざ教えません。まず自分たちで考えることから始めてもらいます。もちろんわからなければアドバイスをします。できなければフォローだってします。ただ基本的には、その人に考えてもらい判断も任せます。そしてうまくできたらきちんと評価をしています。そうすることで自然とスタッフが育っていき、能動的に動いてくれて僕の足りない部分までも補ってくれるんです。**そういう恩送りのサイクルが出来上がっているので、スタッフのモチベーションもキープでき、離職率が低いのだと感じています。**

うちは面接をあまりやりません。ほとんどが社員やお客様の紹介だからです。中にはお客様だった人が、うちで働きたいというケースも。それも自慢のひとつです。

パートナーの得意を活かし役割を与える

親子、夫婦、仕事仲間、上司と部下など、あらゆるパートナーの関係性があります。その中でパートナーの可能性を信じ、最大限に発揮させてあげることができれば、パートナーはどんどん成長するし、互いの関係性も向上します。

誰にでもできる仕事は、頼むほうも頼まれるほうも気は楽です。ただ、そればかりだと人は成長しづらいです。成長を望むなら、相手の能力を認めて、得意なことは何かを見極めてあげることが先決。その上で、**得意が活かせるような役割を与えて、ときには少し難易度の高いことを頼んでみるのもいいでしょう。**それができると本人は達成感を得られますし、自信を持つことができます。この積み重ねが相手の成長につながり、結果的にパートナーシップにも良い効果をもたらします。

パートナーは、何が得意で何が苦手か。まずは、知ってあげること。コミュニケーションが得意な人もいれば、下手な人もいます。車の運転が得意な人もいれば、下手な人もいるでしょう。**その人の能力を見誤ることなく、適材適所に配置できたら能力以上の成果が期待できます。**

誰かのために役に立っている実感は、何よりの喜びだと僕は思います。どんな人間にも「人の役に立ちたい」という欲求があるもの。日頃のパートナーシップで、その欲求を満たし続けることができたら、関係性の向上にもつながります。職場や家庭で、パートナーを含めて周りの人の得意を見つけてあげましょう。そして、その能力に適した役割を与えたら、あとは相手を信じて待つことも大切です。

恩送りの基本姿勢は「与えること」です。ただし、与え方には気をつけましょう。与えることでパートナーを甘やかすことになっては本末転倒。成長につながる正しい恩送りを与えて、それをパートナーが次世代につなぐことが最も大事なことなのです。

遊びや旅行で、上下関係のない時間を作る

うちの会社は、旅行や飲み会、バーベキューといったイベントが異常に多いと内外から言われます。経費の無駄じゃないか？　と心配されることもありますが、僕は無駄だとは思いません。仕事以外の時間を共に楽しむことで、お互いのつながりがより深くなれば、仕事にも反映されるはずです。また、「面白い話で場を盛り上げるのが上手」とか、「細かい気配りが利く」とか、遊びの中で笑いながら接しているとスタッフたちの素の姿が垣間見えて、仕事中にはわからなかった互いの良さや能力を見つけることができるんです。**恩送りの重要な姿勢とも言える「利他の心」があるかどうかも、上下関係のない環境の中だからこそ発見できたりもします。**

アクティブな体験を共有したり、おいしいものを食べたり、一緒に癒やされたりす

奄美大島に社員旅行中の一コマ

る。**そんな楽しい時間を大事にすることも、経営者としての僕の恩返しであり恩送りとも言えます。**

コロナ禍では、さすがに控えていましたが、以前はバリやカンボジアなどの海外にもよく出かけました。旅先という非日常の空間で、美しい景色に感極まって泣いてしまうなんていう貴重な時間を共有できる者同士、良いチームにならないはずがありません。

最初から全員が揃う必要はありません。イベントが苦手な人もいます。まずは近場でのイベントなどから、試してみてはいかがでしょうか。

スタッフの大切にしているモノを大切にする

大切にしているものは人によって違います。何のために仕事をがんばるのかも、人それぞれ。給料の額が優先の人もいれば、お金よりもやりがいで決める人もいます。人生の中で多くの時間を占めるのが仕事なのは事実です。だからこそ、仕事を提供する立場としては、スタッフそれぞれが「何のために仕事をしているのか」という部分を、できるだけ明確にしておきたい。僕は、プライバシーまで踏み込まない程度に、個々の環境や背景にも興味を持つようにしています。

先ほど書いたキャンプやバーベキューのようなイベントには、スタッフの家族も参加してくださいます。また、お祝い事やご家族の節目には、メッセージや、ささやかな贈り物をしています。スタッフが働けるのは、家族の支えがあってこそ。つまり、

僕も僕の会社も、スタッフの家族に支えられているのです。

そういえば昔、僕も家族への気配りを受け取った経験があります。ある保険会社の方が、僕にではなく、なぜか僕の妻あてに手土産をくれました。「これ、奥さんに」と、シャネルの紙袋を差し出しながら、「奥様が了解してくれたから、いつもなら家族団らんのはずの時間帯に、こうして若山さんと会えているわけじゃないですか。奥様に感謝ですよ」とサラッと言うのです。これぞ、まさに恩送りの好例ですよね！

家に帰って、「コレ、いただいた」と妻に渡すと、中身はシャネルのコットンで、妻の喜びようといったら半端なし。「家族へのお土産効果」はテキメンで、それ以降、その保険会社の方に会うと言うと、妻は「どうぞ、どうぞ、行ってらっしゃい」と笑顔で送り出してくれます。

スタッフを大切にするのはもちろん、その周りにいる人たちにも目を向けて感謝の思いを伝える恩送り。その恩恵は絶大なのです。

心理的安全性をつくるリーダー

組織やチームの中で、誰もが恐怖感や不安を抱かずに話したり協力し合えたりする状態を、**「心理的安全性」**と言います。いわば、**「心の安全基地」**です。

昔は、会社内の上下関係が明確で、部下は上司に自由に発言できなくて当たり前でした。規模の大きな会社ほど、上の決定に従う「トップダウン」スタイル。それが現代においては、「トップダウン組織」はどんどん衰退し、代わって伸びているのが、フレデリック・ラルー氏が提唱した**「ティール組織」**を採用する企業です。

ティール組織とは、**上下関係がなく、メンバー同士がフラットな関係で、メンバー一人ひとりが自由に活動でき、平等に発言が可能。メンバー個々の主体性や当事者意識が自ずと高まる組織構造です。**

ラルー氏が著者の中で、組織モデルを色分けし、グループごとに解説しています。

一、ティール（進化型＝個人が意思決定できるフラットな組織）
二、グリーン（多元型＝メンバーが主体的に行動できる組織）
三、オレンジ（達成型＝目標達成が第一の合理的な組織）
四、アンバー（順応型＝トップダウンの階層的構造を持つ組織）
五、レッド（衝動型＝圧倒的な支配者がトップに立つ組織）

心理的安全性とか、ティール組織などと言うと難しく感じますが、要するに話しやすい場を提供するということ。ですから、うちの会社では「おやつタイム」を設けて、ゆるっとした時間をつくり、話しやすい場を提供しています。その先に、心理的安全性を生み出すと僕は考えているのです。

最近入った22歳のスタッフが思いつくアイデアは、斬新で魅力的だったりします。

44歳の僕の頭では思いつかない、今の時代のニーズに合う発想です。どんな意見やアイデアも否定されない。たとえ間違っても怒られない。そんな心理的安全性を感じる会社なら、満足度や愛着度は必ずや高まるのではないでしょうか。

実は僕も昔、ティール組織に似た環境で育ててもらえた時期がありました。ダンスを辞めた後に入った会社です。そこの社長は、成功しても失敗してもずっと変わらないスタンスで接してくれました。ルールに縛られることもなく、自由に仕事をさせてもらえたおかげで、自分で考える力が身につきました。自分の考えどおりに行動した結果が上手くいくと、自信がつき、やる気も出ます。たとえ失敗しても、自分で考えてやったことなら人のせいにすることもなく、すべてが学びとなりました。どちらにしても、自分で考えてやることに意味や価値があるのです。だから今、**僕もスタッフへの恩送りとして同じ経験をプレゼントしています。**

第9章

恩送り幸福論

僕が恩送りを続ける源には、「すべては愛から始まっている」という概念があります。ですが、「愛」の定義は人それぞれ。それにとても曖昧なので、イメージしにくいもの。そこで、僕自身が「愛」について明確に認識した体験から語ります。

愛から始まる幸福の矢印を知ることが恩送り

今から12年前、僕が世界一周旅行でギリシャのサントリーニ島に行ったときに、アテネに住む、ギリシャと日本のハーフであるエフィさんと会う機会を得ました。そのときエフィさんから、「愛」についての深い話を受け取ったのです。

エフィさんの「愛」の定義

「愛はエネルギーですが、結果として目に見えています」と彼女は話し出しました。そして、ペットボトルを手に取ると、「これも愛のひとつの形」と言うのです。「ペットボトルは、この世にもともとあったものじゃない。清潔な水をどこへでも運べるアイテムがあれば、助かる人は大勢いるだろうという、誰かの愛ある発想から生まれたもの。結果、これまで泥水しか飲めずにいた発展途上国の人たちにも清浄な水を届けることが可能になり、不衛生な水を飲んで命を落とす子どもの数が減りました。

さらに、このキャップ。側面についたギザギザは、力が弱い子どもや高齢者が開けやすいようにという工夫です。途中をへこませたボトルデザインは、持ちやすさの追求。素材選びはリサイクルしやすさへの配慮。発想にも製作過程にも、ベースに人を思う気持ちがあるのです。ペットボトルだけではなく、この世には愛が具現化されたモノがあふれています。

極めつけは、あなた自身の存在が、すでに愛なのです。ご両親が愛をもって一緒になったから、あなたが生まれたわけだし、ご両親も同じ連鎖でこの世に生を受けたはず。人が人と愛し合って人が生まれる。恒久的に繰り返される流れの一片に、あなたという愛が形を成して存在しているのです」とエフィさんは言いました。愛に形はないと思い込んでいたけれど、エフィさんの言葉を聞くうちに、愛が具現化されていくのを僕は体感したと共に、これも恩送りだと気づいたのです。

すべては気づくことから

帰国後の僕は何を見ても、「これは、どんな人の愛から生まれたものだろう」と考えるようになりました。例えば、仕事中にふとPCを見て、「角が少し丸くなっているのは、安全のことを考えられているからなんだな。手が当たっても痛くないように、怪我しないようにと、丸く削ってあるんだな」「こんな場所にこの道を作った人ってすごいな。お陰で便利になってありがたいな」「この携帯電話を作った人って、どれだけ苦労したんだろう。こんなに小さくて薄いものに、よくこれだけたくさんの機能を詰め込めたな」と、**作った人の思いや販売に至るまでのストーリー、背景などをイメージできるようになったんです。**

日常生活の中で、当たり前のように使っているものすべてが、この世に初めからあったわけではありません。なかったものを、愛のパワーで作り出した人がいるのだと考えると、何を見ても驚きや感動を覚え、自然に感謝の思いがあふれ出ます。あふれてこぼれるから、今度は自分から誰かに分けたり与えたりしたくなるのです。

愛に気づくこと。感動すること。感謝があふれ出すこと。そのあふれたものを人に分けること。この一連の流れを認識したとき、人は至高の幸福を感じるのではないでしょうか。幸福の矢印の順番は、間違いなく、この法則です。

幸福の矢印の法則にそって生きることが、すなわち「恩送り」の正しい流れでもあります。僕自身、幸福の矢印の法則を意識してからの10年は、それ以前の30年とは、比較にならないほど充実した人生を過ごしています。

SDGsは最大の恩送り

僕は仲間と一緒に「みんなのちきゅう」という環境問題の解決を目的にした会社を立ち上げるために、クラウドファンディングを実施した経験があります。クラウドファンディングで支援募集をスタートする約1カ月前から、僕たちはさまざまな方法で「プロセスエコノミー」を実践し、結果的に最速で目標額を達成することができました。

環境問題とクラウドファンディング

第7章にも書きましたが、クラウドファンディングの利用を思いつく以前は、環境問題に関心のある人向けのオンラインサロンを運営していた時期がありました。環境活動に興味があったり、実際に活動をしている人を対象にした月額制のコミュニティで参加者もそれなりに集まりましたが、クローズドタイプのコミュニティの特性上、本来の目的に沿った活動には限界がありました。常に不足感やもどかしさがぬぐえず、もっとほかに何か良い方法はないかと模索していたのです。

その後もいくつかの紆余曲折を経て、ようやくクラウドファンディングというスタイルにたどり着きます。環境問題の解決に取り組むには、環境問題に特化したWEBメディアを作ることが必須だと考え、その制作費が必要だったからです。

目標額は、一応の目安として300万円に設定。だけど、まさか開始7日目にして、一気に目標金額に達するとは予想もしていませんでした。支援してくれたのが知り合いの人ばかりではなく、僕のことをまったく知らない人たちも含まれていたことが、活動への支援の気持ちだと感じ、とてもうれしかったです。

かなり以前から、環境問題への取り組みを発信し続けてきたことに共感してもらえた結果が、支援につながったのでしょう。そして、やはりこのときも、プロセスエコノミーの効果や、その必要性を強く感じました。

リーダーの理想像

クラウドファンディングを実施したことは、リーダーの理想像について考える良い機会にもなったと感じています。

クラウドファンディングのような仕組みを利用するとき、つまり集団でひとつの目標に向かうときは、その中心となるリーダーの存在が不可欠です。かつては、リーダーにはカリスマ性や圧倒的な存在感が求められ、多くの人がそのリーダーに従うことがスタンダードでした。しかし、「共感の時代」と言われる現代社会において、リーダーに求められるのは、一歩間違えたら独裁者や暴君になりかねないカリスマ性や存在感ではありません。

これからのリーダーには、メンバーそれぞれの意見に公平に耳を傾け、異なる視点やアイデアを集めて総合的に判断し、共通の目標に向かって進むための意思決定を行う能力などが備わっていることが望ましいのです。

適応力、傾聴力、判断力、決断力があり、さらには、愛と思いやり豊かな人格の所有者が、今の時代の理想的なリーダー像だと言えます。もちろん、これはあくまでも理想であって、現実にはそこまで完璧な人物はいないかもしれません。

しかし、掲げた目標をメンバーと共に絶対に達成するのだという強い覚悟と熱意を持ち、メンバー一人ひとりを尊重できる人であれば、不足している資質は活動の中で身につけていけばいいでしょう。大切なのは、メンバーそれぞれが自ら率先して行動し、また互いにフォローやサポートし合う雰囲気や環境を提供できるか否かです。

僕の周りを見渡すと、**活躍しているリーダーたちは、みんなと同じ目線でみんなの**

気持ちに寄り添えるタイプがほとんどです。思い浮かんだ人はいずれも、「みんなで一緒にがんばろう」と、周りの人たちと協力し合っている印象があります。**お山のてっぺんにいるのではなく、仲間たちに囲まれた円の中心にいる人というイメージです。**

このリーダーの理想像は、ビジネスの場だけではなく、家庭でも、プライベートの付き合いでも共通しているでしょう。同じ目的のもとに集まった人と思いを分かち合えて、互いの気持ちに寄り添える人間力がある。そんなリーダーこそが、多くの共感を呼び、結果的に成功するのではないでしょうか。

環境活動とSDGs

「みんなのちきゅう」のクラウドファンディングで集まった資金は、環境問題の解決に貢献できる有意義な使い方をします。

まず、環境活動家の活動をより多くの人に知ってもらうために、ＷＥＢメディアの制作に優先的に資金投入をしました。制作したメディアを多くの人が見てくれるようになれば、次の段階は企業の広告誘致を始め、その資金をもとに全国にいる環境活動家の支援をする予定です。環境活動家へ継続的な支援ができれば、未来へ生きる子どもたちへ恩送りできると信じてこのプロジェクトを進めています。

みんなのちきゅう　https://minchiki.com

お金と恩を貯めたらいけない理由

昔の僕は、お金さえあればすべてのことはうまくいくと思い込んで生きていました。ですが、いつの頃からか、僕の中でお金の価値観が変化していたのです。

手持ちのお金をもっと増やしたいと銀行に預けたところで、今どきの利率では、ほとんど期待できません。かといって、リスクの大きい投資では、元も子もなくなる可能性も。お金を手に入れることだけにこだわり、やみくもに増やそうと躍起になるのは虚しいことだと気づきました。

「お金はどれだけ貯めても、あの世には持っていけない」とは、よく言ったもの。まさにその通りで、生きている今が充実していないと意味がありません。**お金を手に入れることそのものを目的にするのではなく、別のもっと大切なものを手に入れる手段**

としてお金を稼ぐと考えるべきなのです。お金の真価はそこにあります。お金によって幸せを得る人もいれば、不幸に陥る人もいます。お金の使い方によって喜びを手に入れる人もいれば、怒りを買う人もいるのです。

お金も恩送りも、生きていてこそ

お金を手に入れることをゴールに設定してしまうと、本当の意味での幸福からは遠ざかってしまうのではないでしょうか。過去の僕がそうだったし、世の中を客観的に見ても、そう思える実例がとても多いです。

人から受けた恩も、お金とまったく同じです。**誰かから恩を受けたら、もらいっぱなしにしていませんか？**　自分ばかりが得ていると、受けた恩が手元にどんどん貯まります。これは一見すると、自分が得をしているように感じますが錯覚です。勘違いと言ってもいいかもしれません。

お金も、人から受ける恩も、どんなに貯め込んだところで、人生の終焉を迎えたら、必ずリセットされます。一円も持っていけないし、誰かに恩を返したくても、次の世代に恩のバトンをつなぎたくても、それは叶いません。あの世に行ってからパーッとお金を使うという人も、あの世に行ってから昔お世話になった人に恩返しできたという人も、一人もいません。そんな話、聞いたことがないでしょう。

お金も恩も、貯めずにどんどん使うべきなのです。ただし無意味な使い方や、誤った使い方がダメなのは言うまでもありません。どんなふうに使うかで、人生そのものが良くも悪くも変わります。

もうひとつ忘れてはならないのが、**お金も恩も独り占めをしない**ということ。自分が稼いだお金なのだから、自分だけのものにしたいのは自然な感情です。がんばって働いて得た収入ですから、まずは自分のために使うのは間違っていません。ですが、自分を満たしたら、さらに周りの誰かを幸せにしてあげてください。

恩もそうです。人から恩を受けたら、自分がしてもらってうれしかった分、ほかの誰かも同じように喜ばせてあげてください。そうすれば周りに笑顔が増え、それを見た自分自身も笑顔になっていきます。

これまで恩送りについていろいろお話ししてきましたが、恩送りを続けることは、仕事においても、人付き合いにおいても、ひいては人生そのものにおいても、幸福度が増すことは間違いないことを、この本を通じて伝わったでしょうか。

僕もこの本を書きながら改めて恩送りの必要性を再認識しました。僕たちは生まれながらに多くのものを与えられています。いかにそれに気づき感謝して生きることが大切です。人は一人では生きていけません。それを理解することで周りのものすべてに価値を感じ『ありがとう』と思えるのです。**『ありがとう』の語源は『ありがたし**

（有り難し）』です。有ることが難しい、めったにない、この上なく素晴らしい、そう思えることで感謝があふれてくるのです。

『幸福の量は感謝の量に比例する』僕はそう確信しています。感謝の量を増やしていけるものの見方を持つことが、まさに恩送りにつながるのです。みなさんの日常に恩送りが増えていったら、当然仕事も今以上に成果が上がり収入が増えることでしょう。そして、さらに恩送りできることが増え、人生が豊かになります。その連鎖がみなさんから始まっていけば、世の中はもっと笑顔にあふれ、平和な世界が広がっていきます。僕はそんな未来が待っていることを願いこの本を書きました。読んだ人が一人でも多く幸福な世界へと運ばれますように。

特別対談

心理学で考える恩送りの法則

本書の最後は、特別企画として心理学の観点から恩送りのメカニズムについて研究を行っている愛知学院大学の白木先生に対談をお願いしました。

若山陽一郎 × 白木優馬（愛知学院大学 教養部 講師）

ありがたいと思った気持ちを別の誰かに送る理由

若山：白木先生の専門は社会心理学ということですが、恩送りについて興味を持ったきっかけや、ご研究を始められた経緯を教えていただけますか。

白木：元々は学んでいた心理学を活かそうと、カウンセラーを目指していました。卒業論文制作にあたり、自身のメインテーマである「感謝の研究」に関する論文をたくさん読む中で、感謝の感情が恩送りやペイ・フォワードを促進するという知見に、非常に興味が湧きました。恩送りの概念が、もっと浸透すれば社会的に多数の人が幸せになれるのではないかと考えたことが、このテーマの研究を始めたきっかけです。

若山：研究を始められてから、どのくらいの年数がたつのでしょうか。

白木：約10年です。**恩送りは、社会心理学的には援助行動と呼ばれるもののひとつ。**ただ、10年研究してきて感じるのは、恩送りの認知度が低いということです。恩返しに関する研究と比べても、恩送りについての研究はあまりありません。

若山：恩送りの研究において、「恩送りとはこういうものだ」と、ご自身の中で確立されたのはいつでしょうか。

白木：人が恩送りをする根源にある心のメカニズムに気づいたときでしょうか。人に親切にされて「ありがたい」と思った気持ちを、本人ではなく別の誰かに返すのはなぜかと考えてきました。**人というのは、何かしてもらって「ありがたい」と感謝の念を抱くと、人と仲良くしたいという気持ちに切り替わるのです。**その結果として、自分も別の人に良くしてあげたくなる。それが恩送りのひとつの重要なポイントなのだとわかったとき、とても面白いと感じました。

若山：先生は今までに、例えば幼少期などに、あのときのことはまさに恩送りだったな、というご経験はありますか？

白木：ピンポイントの経験談ではないですが、これまで恩を受けてきた恩人を思い返すと、自分の行動が変わると自覚したことはあります。僕は今、大学の研究者であると同時に、教員として学生に関わる立場です。学生とのやりとりの中で、無意識のうちに自分が学生時代の恩師にしてもらったことを、僕もまた学生たちにしていることに気づきました。これもひとつの恩送りの形かなと思います。

若山：今回、大学の先生が恩送りを研究されていると知って、ものすごく安心感を覚えました。心理学の側面から伺った話を本に加えることができれば、きっと伝わりやすくなると同時に、僕が続けている恩送りは、感覚的なものではなく、大学の先生がきちんとした研究をされているテーマなのだと、心強く感じました。

恩送りは、身近にあるもの

白木：恩送りという言葉自体、なじみが薄いのでピンとこないだけで、その行為や気持ちやモチベーションは、おそらく誰にでも伝わるのではないでしょうか。

例えば学生なら、先輩からよく食事を奢ってもらったから、自分も後輩に奢るという傾向が少なくありません。社会人になると、新人のときに先輩社員から仕事のやり方を教わったから、次の世代に教えるのは自分の番だということに抵抗はないでしょう。

さらに、海外にはペイ・フォワードという概念が浸透しています。恩送りよりもフランクな文化というか、ちょっとした遊びみたいに気軽に善意をパスしています。日本にも、そういう文化が根付けば、生きるのがもっと楽しくなるのではないでしょうか。**日本にありがちなのが、人に良いことをしてあげると、何か裏があるのではないかと警戒されること。**ですが、日本にも前述のように部活や会社という閉じた社会の中では、しっかりと恩送りは存在しています。

若山：少しお聞きしていいでしょうか。例えばＤＶを受けていた人が、自分は絶対にＤＶなんかやらないと思っていたのに、気づいたら同じことをしてしまっていたという例があったり、部活の先輩と後輩、会社の先輩と後輩、こういう関係性の中で連鎖的にいじめやしごきが起きることも珍しくありません。やはり、こういうネガティブな現象も送られてしまうものなのでしょうか。

白木：研究の中で、ポジティブなものが連鎖するのと同じく、ネガティブなものも連鎖することがわかっています。ここで、「連鎖」の実験例をお話しします。

この実験では参加者にある作業をお願いし、その報酬を支払いました。このときの報酬の支払い方がポイントです。実験者は「あなたの報酬は、あなたの前にこの実験に参加した人によって決められています。1000円を受け取った『前の参加者』は、自分の報酬として500円、あなたの報酬として500円を分配しました」と伝えます。いわゆる折半で、公平かつ平和的な分配ですね。

実験者は、続けてこのように伝えます。「ここであなたに新しく1000円をお渡しします。あなたは，『次の参加者』にいくら分配するかを決めてください。0円でも1000円でもかまいません」と伝えます。実験で注目したのは「参加者がいくらを『次の参加者』に分配するか」です。するとこの条件、すなわち『前の参加者』から500円を受け取った場合、参加者は次の人に500円を分配する傾向がありました。つまり、公平な分配が連鎖したと言えるでしょう。

興味深いのはここからです。同じような実験を、金額を変えた条件で行います。この条件では、『前の参加者』が1000円のうち、自分に300円、参加者に700円という寛大で優しい分配をしたと伝えられます。すると、その分配を受けた参加者は、『次の参加者』に同じような割合、すなわち700円程度を分配する傾向がありました。反対に、参加者が受け取る金額を300円に設定した条件、つまり『前の参加者』が自分勝手で強欲な分配をしたと知らされた条件では、参加者は同じような強欲な分配をする傾向がありました。

結果的に、全員が前の人と同じように分配したのです。平等にされた人は平等に、人から良くしてもらったら、自分も人に良くするし、その逆も然りです。どの列でも、自分がされたことを自分も人に対して行うという現象が起きました。

ここでわかることは、連鎖という現象が起こる事実と、**重要なのは列の一人目を誰にし、一人目がどう行動するかです。良い感情や、良い行動も連鎖するし、好ましくない感情や行動も同じく連鎖するということが判明した実験例でした。**

若山：設定や条件、始め方次第で、連鎖は良くもなり、悪くもなるのですね。

受け取り上手が、恩送り上手になる

若山：では、もうひとつ聞かせてください。僕は、世の中には「受け取り上手な人」と「受け取り下手」な人がいると感じています。人から何かをしてもらったら、「ありがとうございます」と素直に喜んで受け取れる人がいる一方で、「いやいや、そんなことしなくていいのに」と遠慮して、せっかくしてもらったことをうまく受け取れない人がいます。

同じことを人からしてもらっても、受け取り上手な人と受け取り下手な人では、次に起きる行動の連鎖には違いがありますか？　受け取り上手であることが、恩送りを広げるきっかけになるように、僕は感じているのですが。

白木：若山さんは、受け取り上手ですか？

若山：たぶん、受け取り上手です。今は上手になったというのが正しいかもしれません。昔は、人から何かもらうと無意識に「同じだけ何かを返さないといけない」と、すぐに考えていました。どちらかというと、心の奥底にはネガティブな感情があった気がします。それが今は、何かをもらったり、してもらったときに、うれしい気持ちや喜びを、きちんと表現したほうが相手に喜んでもらえることがわかったので、「喜んで頂戴します」のスタンスになりました。

白木：全力で受け取る、受け取り上手。いいですね。そういえば、今のお話に似たような研究をしたことがあります。

日本人は「ありがとう」と同時に「すみません」「申し訳ない」の気持ちが出てくる傾向があるという研究です。**感謝と恐縮の感情が、同時に両方湧いて出るのは、日**

本人の特徴です。しかも、何かをもらったり、やってもらったときに、「ありがとう」の気持ちが強ければ強いほど、比例して「すみません」の気持ちも強まる傾向があります。例えば北米の人は、ありがたいと思っているときに申し訳ないという気持ちは出ませんし、逆に申し訳ないと思うシーンでは、感謝の気持ちは関係ないようです。

若山：感謝しながら恐縮する。それ、ありがちですよね。お客様が手土産を持ってきてくれたら、「気を使わせてすみません」と、恐縮するじゃないですか。「ありがとう」とすぐにもらうのはマナー違反で、ちょっと遠慮したり恐縮したりするのが美徳だと思っているふしがありますよね。

白木：贈り物や、お土産を渡したり、親切にするときの行動は、自分がコストや手間をかけて、相手に利益や価値を提供するという図式です。物や親切を受け取った側が、それに対してあまり気にせずに、うれしい気持ちに意識を向けることが重要だと思い

ます。恐縮せずにもらった品が自分にとって得で価値があることに意識を向けられる人は、「ありがとう」という感謝の感情を素直に出せる受け取り上手と言えます。

そして、**受け取るのが上手な人は、送る側になったときには、自分のコストや手間よりも、相手がどれほどに喜んでくれるかに着目できる人だと言えるでしょう。**相手の喜ぶ顔を見たら、自分もうれしくなって、また誰かを喜ばそうとする行為を続けるわけです。受け取り上手は、恩送り上手とも言えるのではないでしょうか。

恩送りが、究極の恩返しになる

若山：最近気づいたのですが、**恩送りをし続けることこそ、結局は、恩返しをしたかった人への最大の恩返しになるのではないでしょうか。**今の僕がセミナーや講演会で伝えていることは、僕自身がいろいろな人から教えてもらったことです。それによって、人生が好転したり、成果が出たことを話している、つまりこれも恩送りだと言えます。

白木：恩送りをすれば恩返しになるというのは、とても良い言葉だと思います。突き詰めて考えると、人が恩返しをしたいと思うのは、相手への感謝が軸にあるのはもちろんですが、実はそれだけではありません。人は、バランスが崩れている状態を嫌います。つまり、**ものすごくお世話になっている相手に対して、自分は何もお返しできていないのは心理的なバランスが悪いわけです。**自分ばかりがしてもらっているという、居心地の悪さがあります。そのアンバランスを解消するには、恩返しするのが一番いいけれど、恩返しが簡単にできない場合もあるはずです。今はまだ、お返しできるだけの経済的な余裕がないとか、成功してから会いに行きたいとか。あるいは、すでに相手が亡くなっているとか。でも若山さんが言うように、恩送りをし続けることが、結局は恩返しにつながると思えば、してもらってばかりという心理的な負担が軽くなります。

若山：それ、よくわかります。人って、相手との関係を「トントン」にしておきたいものですからね。イーブンな関係が安心できるから。それだけではなく、人はやっぱり自分が良い人でいたい。良い人だと認められることで得られる幸福感というのも、確かにあります。幸福感と言えば、「ヘルパーズハイ」という言葉を最近教えてもらいました。人の役に立つこと、感謝されることで得られる幸福感があるのだとか。

白木：幸福感にもいくつか種類があります。ほかの誰かと協力して取り組むボランティアや、社会貢献、そして永続的な恩送りでヘルパーズハイを感じるのも幸せのあり方です。そちらのほうが、穏やかで温かい感じがするし、人生において重要なファクターになるのではないでしょうか。

恩送りの今後の課題とは

白木：若山さんは、恩送りの弱点に気づいていらっしゃいますか？　研究の中で、「恩送りは続きにくいよね」という声をよく聞きます。まず、誰かが送り始めても、別の誰かがすぐに止めてしまうじゃないですか。つまり、性善説に基づいているけれど、やっぱり中には次へ送らずにもらいっぱなしで良しという考えの人もいますから。自分さえ良ければいいと止める人が出てくると、次へ行かないし広まりもしません。これこそが、**恩送りの脆弱性**です。

若山：自分の意思に反して、どこかで止まってしまうということですね。

白木：かといって、「止める人がいたら嫌だな」とか、「絶対に送れよ」と言い始めると、それはもう恩送りではなくなってしまいます。

若山：そうか。もはやルールになってしまうんですね。

白木：誤解をおそれずに言うなら、人間は自分勝手なところが少なからずありますから、そこに葛藤が生まれます。

若山：ルールでしばるのは意味がないし、損得感情を持ち込むのも違います。これが「文化」として根付いたら一番いいですけどね。恩送りにはメリットしかないのだというマインドになったらいいですが、想像できないほどの時間がかかりそうです。

白木：そんな文化が醸成されていくといいのですが、かなり難しいのが現実。まあ、ぼやいていても進めないので、草の根的に少しずつやっていくしかないですね。

若山：白木先生は、恩送りの研究は今後も続けていく予定ですか？

白木：できる限り、続けていこうと考えています。もう少し「恩送り」が知られてほしいと思うので。

若山：白木先生のような立場の方が、学術研究の視点でロジカルに伝えてくださると、多くの人が納得してくれると思います。

本日は、貴重なお話を聞かせていただき、ありがとうございました。

白木優馬

2018年3月、名古屋大学大学院教育発達科学研究科 博士課程後期課程修了。京都橘大学健康科学部心理学科助教などを経て、現在は愛知学院大学教養部にて講師を務める。日本心理学会、日本社会心理学会所属。専門分野は社会心理学、感情心理学など。

おわりに

夢と希望の配達人になる

僕の使命は、若者に夢と希望を届けること。二十代の頃の僕は、とんでもなく自分本意に生きていたし、人生のベクトルを完全に間違えていた時期もありました。ただ、間違えることも僕の人生においては無意味じゃなかったと、今は思っています。失敗したからこそ、恩送りの素晴らしさや、真の幸福の定義を知ることができました。

三十代半ば以降、とくにここ数年を振り返ってみると、「若者に夢と希望を届ける」という使命に基づいたことや、つながることしかやっていない気がするのです。

例えば、今やっているリサイクルの業務も、僕の使命の一環だと信じてやっています。昔の人の素晴らしい技術で、丁寧に作られた質のいい家具を、できる限りきれいに修復して、その価値を次世代の人たちに伝えたい。そして、お届けした家具が新たな所有者の生活に彩りと豊かさを添えてくれたら、こんなうれしいことはありません。

すべての活動が使命につながる

本書を書こうと決めた動機は、四十代半ばを迎えた今の僕の意気込みというか、これから先の人生の指針をコミットメントしたかったから。**僕の人生の最大の恩送りは、僕の生き方そのものだと伝えること。それも僕の使命だと思えたからです。**

経験や学びを自分の中だけにとどめず、多くの人たちに知ってもらって、人生を進んでいく上でのガイドにしてほしい。自分の痛い失敗談を成功体験に変えてお届けする内容が、今まさに悩みの渦中にいる人たちの解決のヒントになったら本望です。

カンボジア支援や学校設立も、根本にあるのは同じ趣旨です。どうせやるなら、この世に残っていくものに時間とお金をかけたいと考えました。

前書を書いている最中、突如として「僕は、夢と希望の配達人であることを使命として生きる」と決めました。ですから、本の売り上げはすべて教育支援に使おうと決め、全国各地の学校での講演は、準備にかかる諸費用に本の印税を充てています。

きっと、これからも等身大の僕を多くの人に、「夢と希望の配達人」として届けていくつもりです。**恩送りに、年齢は関係ありません。少しでも早く恩送りの素晴らしさを知ってもらえれば、きっと人生は大きく変わるはず。**そう信じて、これからも恩送りの日々を送っていきます。

僕がこの本を出版できたのは、ご縁があったみなさんのおかげです。２０２１年にClubhouseで知り合い、僕に興味を持っていただいた株式会社ロースターの大崎安芸路社長、出版までのサポートをしてくれた笹元さん、僕の話をきれいにまとめてくれたライターの戸田美紀さん、心より感謝申し上げます。いつも僕のことをよく理解し共に会社を支えてくれている和愛グループの仲間たち、本書にも登場し、人生の良ききっかけを与えていただいた恩師のみなさん、いつも僕と仲良くしてくれて自信を持たせてくれる友人たち、一人ひとりの名前を挙げたらキリがないくらいたくさんの周りのみなさんからの励ましがあったからこそ本書を出版することができました。この場を借りて、僕の人生に一瞬でも関わってくれたみなさんに感謝を伝えたいです。本当にありがとうございました。

そして、いつも僕のことを信頼し全力で応援してくれている愛する妻へ、改めて僕と出会ってくれて結婚してくれてありがとう。いつも夢と希望を与えてくれる愛する息子へ、いつも笑いと癒しを与えてくれる愛する娘へ、生まれてきてくれてありがとう。僕を産んでくれた母親へ、育ててくれた父親へ、僕にまで命をつないでくれたすべてのご先祖様へ、感謝を込めて本書を捧げます。

最後まで読んでくださったみなさん本当にありがとうございました。今後どこかでお会いできることを楽しみにしています。

若山 陽一郎

Yoichiro Wakayama

◆株式会社和愛グループ 代表取締役
◆みんなのちきゅう株式会社 代表取締役

岐阜県生まれ。愛知県在住。
TRF のバックダンサーに抜擢され上京。後に帰郷し不用品回収業で起業。若さと元気を売りに、愛知県で口コミ満足度、スタッフ対応満足度、価格満足度で No.1 を獲得。その後、世界一周一人旅で 21カ国 37 地域を周り、子供たちの笑顔に惹かれたカンボジアでは学校建設をする。その後、次世代のリサイクルショップ「リ・スクエア バナル」をオープン。業界に新風を吹かせメディアの取材殺到。2020年11月に自伝「ラッキーマン～何者でもない僕が、何者かになる物語～」を出版。Amazon ランキングでは 1 位を獲得し、台湾翻訳版も出版。その中にある物語「一杯のカレーライス」が 2021年 5月フジテレビ系列「奇跡体験！アンビリバボー」にて再現ドラマ化され話題を呼ぶ。現在は環境活動にも尽力しながら、若者たちへ夢と希望を届けるために全国を飛び回る。講演は年間 100 回を超える。

・公式サイト https://wakkan.info/
・公式Facebook https://www.facebook.com/yoichiro.wakayama/
・公式Instagram https://www.instagram.com/wakkan_luckyman/

リ・スクエア バナル
https://banul-online-shop.com

読書感想や講演依頼など
お問い合わせはこちらへ

Roaster Label

編集長	大崎安芸路
副編集長	笹 元
編集	豊泉陽子、夏堀めぐみ、西尾くるみ
編集協力	中條 基
ブックライター	戸田美紀
ブックデザイン	JUNGLE
本文デザイン・イラスト	蔵元あかり、水吉栞菜
カバー水墨画	CHiNPAN
写真撮影	コーダマサヒロ、菅原景子
校正	植嶋朝子
出版プロデューサー	竹村 響

『Roaster Label』は
株式会社ロースターの書籍レーベルです。
最新情報はこちら

制作・プロデュース　株式会社ロースター

〒162-0052
東京都新宿区戸山1-11-10　Rビル2F
TEL：03-5738-7390
URL：https://roaster.co.jp/

恩送りの法則
仕事で、人生で幸福度を上げる考え方

発行日　2023年 4 月10日　第 1 刷

著者　若山陽一郎

編集統括	柿内尚文
営業統括	丸山敏生
営業推進	増尾友裕、綱脇愛、桐山敦子、相澤いづみ、寺内未来子
販売促進	池田孝一郎、石井耕平、熊切絵理、菊山清佳、山口瑞穂、吉村寿美子、矢橋寛子、遠藤真知子、森田真紀、氏家和佳子
プロモーション	山田美恵、山口朋枝
編集	小林英史、栗田亘、村上芳子、大住兼正、菊地貴広、山田吉之、大西志帆、福田麻衣
講演・マネジメント事業	斎藤和佳、志水公美、程桃香
メディア開発	池田剛、中山景、中村悟志、長野太介、入江翔子
管理部	八木宏之、早坂裕子、生越こずえ、本間美咲、金井昭彦
マネジメント	坂下毅
発行人	高橋克佳

発行所　株式会社アスコム

〒105-0003
東京都港区西新橋2-23-1　3東洋海事ビル
編集局　TEL：03-5425-6627
営業局　TEL：03-5425-6626　FAX：03-5425-6770

印刷・製本　株式会社光邦

Printed in Japan ISBN 978-4-7762-1267-6

落丁本、乱丁本は、お手数ですが小社営業局までお送りください。
送料小社負担によりお取り替えいたします。定価はカバーに表示しています。